कथा चाणक्य

KATHA CHANAKYA

NOW IN HINDI

कथा चाणक्य

सपने देखने वालों और चिंतको के लिए विवेकपूर्ण कथाएँ

KATHA CHANAKYA

NOW IN HINDI

राधाकृष्णन पिल्लई

जयको पब्लिशिंग हाउस

अहमदाबाद बेंगलोर भोपाल भुबनेस्वर चेन्नई
दिल्ली हैदराबाद कोलकाता लखनऊ मुम्बई

Published by Jaico Publishing House
A-2 Jash Chambers, 7-A Sir Phirozshah Mehta Road
Fort, Mumbai - 400 001
jaicopub@jaicobooks.com
www.jaicobooks.com

KATHA CHANAKYA
कथा चाणक्य
ISBN 978-93-87944-19-0

Translator: Rachana Bhola 'Yamini'

First Jaico Impression: 2018

Page design and layout: Chaitanya Arts, Mumbai

Printed by
Print Plus Pvt. Ltd.
122, Shah & Nahar Ind. Estate (A-2),
Dhanraj Mills Compound, S. J. Marg,
Lower Parel (W), Mumbai – 400 013.

*यह पुस्तक आपके भीतर बसे उस
बालक के लिए है जिससे कहानियों का
मोह कभी नहीं छूटा*

परिचय

पूरे बीस वर्ष बीत गए, इन बीस वर्षों के दौरान मैं चाणक्य नामक महान हस्ती के जीवन का अन्वेषण करते हुए, उन्हें समझने की चेष्टा करता आ रहा हूँ।

चाणक्य का निष्ठावान अनुयायी और भक्त होने के नाते, मैंने टी. वी. धारावाहिकों (चाणक्य – डॉ. चन्द्र प्रकाश द्विवेदी), पुस्तकों, शोध पत्रों, विद्वानों व विशेषज्ञों के बीच इन्टरनेट विमर्शों तथा अनेक स्त्रोतों से उनके जीवन पर शोध किया। मैंने चाणक्य के विवेक का प्रसार करने से पूर्व, उनके बारे में यथासम्भव जानकारी व सूचना संग्रह की।

मैं उनके विषय में जितना जानता चला गया, उतना ही जानने की पिपासा बढ़ती गई, मैं हर रोज़ उनके एक नए ही रूप के दर्शन करता। मेरी प्रारम्भिक पुस्तकें – **कार्पोरेट चाणक्य, चाणक्य के सात नेतृत्व गुण व चाणक्य इन यू** में इस महान व्यक्तित्व के जीवन के विविध पक्षों को शामिल किया गया। परन्तु मैंने उनके जीवन और उससे प्रेरित कहानियों के बारे में कभी नहीं लिखा। यही वजह है कि यह पुस्तक दूसरी पुस्तकों से अलग है। इस पुस्तक में वे सभी पाठ शामिल हैं जो चाणक्य के जीवन से सीखे जा सकते हैं। इनमें से कुछ ऐतिहासिक, कुछ पारम्परिक व कुछ काल्पनिक हैं, जिन्हें रचा गया है।

परन्तु हर कथा का एक सन्देश है, जिसे आप एक पाठक के रूप में अन्वेषण करते हुए, निजी स्तर पर समझ सकते हैं। अधिकतर कथाओं में चाणक्य व उनके शिष्य चन्द्रगुप्त ही प्रधान पात्र हैं। वे

गुरु और शिष्य के संवाद के रूप में, ऐसे विषयों पर चर्चा करते हैं जो आज भी प्रासंगिक हैं। चाणक्य की कथाएँ आपके भीतर से एक नए इन्सान को सामने लाने में सफल होंगी।

एक बार, एक पाठक ने मुझसे पूछा था, "आपकी अगली पुस्तक का विषय क्या होगा?"

मैंने तत्काल उत्तर दिया, "चाणक्य की कथाएँ"।

परन्तु उस प्रश्न ने मुझे कुछ सोचने पर विवश कर दिया—ये कथाएँ किसके लिए? तब मेरे पास स्पष्ट उत्तर नहीं था। और उस दिन, जब मैं घर वापिस आया, मेरे बच्चे रात को मुझसे एक कहानी सुनना चाहते थे। मैंने उन्हें चाणक्य के जीवन की एक कथा सुनाई। और तभी मुझे मेरा जवाब मिल गया—बच्चे और बड़े, दोनों को ही कहानियाँ भाती हैं। कहानियाँ ज्ञान और विवेक का मार्ग होती हैं।

और इस तरह, इस किताब में दी गई कहानियाँ सबके लिए हैं। यह आपके बच्चों, परिवार, मित्रों, सहकर्मियों और आपके सभी परिचितों के लिए हैं। अगर आप मेरे साथ कुछ बाँटना चाहें तो कृपया सम्पर्क करने में संकोच न करें।

अगर आपको पढ़ने के बाद आनन्द आए तो मुझे अवश्य बताएँ ताकि मैं प्रिय आचार्य की ऐसी और कथाएँ प्रस्तुत कर सकूँ।

प्रस्तावना

वे ठीक यही हैं
बस आपके पीछे
इससे पहले कि आप उन्हें जानें, वे आपको देख रहे हैं।
परन्तु आप भयभीत न हों।
वे कोई आतंक या अनजाना भय नहीं।
वे तो रणनीति विशेषज्ञ हैं–राजा को बनाने वाले।
लोग उन्हें चाणक्य, कौटिल्य या विष्णुगुप्त कहते हैं
परन्तु सही मायनों में
वे एक रहस्यवादी थे।

एक बार एक बच्चे से पूछा गया कि रहस्यदर्शी कौन होता है?

मासूम बच्चे ने गम्भीरता से उत्तर दिया, "एक रहस्यदर्शी वही है जो हम सबसे ऊपर है। वह हमें स्वर्ग से पाठ पढ़ाने आता है। वह भगवान का सन्देशवाहक होता है और वही मनुष्य को दिव्यता का मार्ग दिखा सकता है।"

"रहस्यदर्शी यह सब कैसे करता है?"

बच्चे ने मुस्कुरा कर उत्तर दिया, "अपनी कथाओं के माध्यम से।"

कथाएँ अपने ही तरीके से हमें अनन्त की ओर ले जाती हैं। हर कथा की एक नैतिक शिक्षा होती है, परन्तु उनमें कुछ गहन अर्थ भी छिपे होते हैं जो हमारे मर्म को छू सकते हैं।

बच्चे को एक कथा सुनाई गई और इसके बाद उसे चाणक्य की एक और कथा सुनाई गई। फिर उसने एक और कहानी सुननी चाही। वह चाणक्य के बारे में ज्यादा से ज्यादा कहानियाँ सुनना चाहता था। इससे कोई अन्तर नहीं पड़ता था कि वे कहानियाँ ऐतिहासिक तथ्यों पर आधारित थीं या उन्हें रचनात्मक तौर पर मानसिक चित्रण के साथ पेश किया गया था। यह बात खास थी कि हर रात सोते समय नई कहानी सुनाई जाती।

और इस तरह बच्चे के लिए रोज रात को एक कहानी तैयार की गई। यह सिलसिला कई दिनों, रातों और महीनों तक चला। बच्चे की ऊर्जा और उत्साह ने अनेक रोचक कथाओं को जन्म दिया और फिर वह दिन आया जब बच्चे की आँखों में एक चमक थी। उसकी मुस्कान अद्‌भुत थी – लगभग रहस्यमयी!

कहानियों की शक्ति के माध्यम से, कहानी के जादू व शब्दों में छिपी सत्यता के माध्यम से, बच्चे ने धीरे–धीरे स्वयं ही एक रहस्यदर्शी का रूप ले लिया।

हर रोज एक कहानी अज्ञान को दूर भगाती है। हमारे भीतर बसा बालक कहानियों को पसन्द करता है। और वही बच्चा उन्हें बनाता भी है। हर कहानी को बिना किसी बाधा के बाहर आने दें। महान चाणक्य को अपने भीतर बसे रहस्यदर्शी से मिलने का अवसर दें। आइए, कहानियाँ आरम्भ करें...

विषय सूची

भाग 1 : पहली दस कहानियाँ

अध्यापक चाणक्य

भाग 2 : अगली दस कहानियाँ

मार्गदर्शक चाणक्य

भाग 3 : अन्तिम दस कहानियाँ

चाणक्य की महानता

भाग 1 : पहली दस कहानियाँ

अध्यापक चाणक्य

भाग 2 : अगली दस कहानियाँ

मार्गदर्शक चाणक्य

भाग 3 : अन्तिम दस कहानियाँ

चाणक्य की महानता

अध्याय एक

वचनबद्धता व आत्म-अनुशासन

आचार्य नीति

ऐसा कितनी बार हुआ कि आपने कोई संकल्प लिया और उसे तोड़ दिया?

नव वर्ष का संकल्प इसका उदाहरण हो सकता है। भले ही यह जो भी हो–वज़न कम करना, सुबह जल्दी उठना, कोई काम समाप्त करना या नई परियोजना का आरम्भ–हम पूरे उत्साह से काम का आरम्भ करते है और जल्दी ही हार मान लेते हैं। हम या तो आलस्य से घिर जाते हैं या अपना लक्ष्य भुला देते हैं। परियोजना को पूरा करना ही पर्याप्त नहीं, उसे समाप्त करना भी अनिवार्य होता है। सबसे बड़ी समस्या यही है कि हमारे भीतर वचनबद्धता का अभाव है।

चाणक्य एक वचनबद्ध और अनुशासित व्यक्ति थे। उन्होंने धनानन्द का दम्भ तोड़ने की जो प्रतिज्ञा ली थी, उसकी तुलना भीष्म प्रतिज्ञा से की जाती है (महाभारत में भीष्म ने एक प्रतिज्ञा ली थी जिसे उन्होंने आजन्म निभाया।)

आचार्य कथा

राजाओं को अल्पायु से ही गुरुकुलों में, दार्शनिक विषय पढ़ाए जाते थे और उन्हें आध्यात्मिक आधार मिलता था। गुरुकुलों में छात्र अपने गुरुओं के साथ ही रहते थे। युवा राजकुमार सिंहासन पर आते ही इन बुनियादी बातों को भुला न दें, इन बातों को सुनिश्चित करने के लिए ही राजा व मन्त्री अक्सर वार्षिक तौर पर दार्शनिकों व विशेषज्ञों को विमर्श के लिए बुलाते थे, जैसे आजकल वार्षिक सभाओं का आयोजन होता है। धनानन्द के दरबार में भी ऐसा होता था परन्तु उसे यह समय की बरबादी लगती थी। परन्तु यह प्रथा उसके पूर्वजों ने चलाई थी, इसलिए उसे परम्परा का पालन करना पड़ता था।

ऐसी ही एक घटना के दौरान, कई विद्‌वान नए विचार रखने आए थे परन्तु धनानन्द का कुछ पता नहीं था। राजा के बिना सभा का आरम्भ नहीं हो सकता था। धनानन्द के दरबार के प्रधान मन्त्री अमात्य राक्षस, वेदों के महान विद्‌वान थे, जिन्हें अपने ज्ञान और विवेक के लिए जाना जाता था। वे राजा के विश्वासपात्र सलाहकारों में से थे और सही मायनों में राज्य का शासन उनके कारण ही चल रहा था।

अमात्य राक्षस को एहसास हुआ कि मगध बौद्धिक समुदाय में अपना सम्मान खो रहा था क्योंकि धनानन्द ऐसी सभाओं में उपस्थित ही नहीं होता था। इस दोहराव को रोकने के लिए, वे धनानन्द से मिलने उसके कक्ष में गए तो वह दासियों के साथ रंगरलियाँ मनाने में मग्न था।

"महाराज! ज्ञानी जन और विद्‌वान दरबार में आपकी प्रतीक्षा कर रहे हैं। कृपया मेरे साथ चलें, इस समय मगध को अपने राजा की आवश्यकता है। आप अपनी गतिविधियों को बाद में जारी रख सकते हैं।"

शासक ने उत्तर दिया, "महा अमात्य राक्षस, यदि यह बात किसी और ने कही होती तो मैं उसका सिर कटवा देता। किसी को भी राजा को आदेश देने का अधिकार नहीं होता परन्तु मैं तुम्हारा प्रशंसक हूँ, इसलिए तुम्हारे साथ चलूँगा।"

परन्तु दरबार में जाते ही धनानन्द का ध्यान सभा से उचट गया और वह विमर्श में भाग लेने वाले विद्‌वानों का अपमान कर, अपना मनोरंजन करने लगा। आचार्य चाणक्य वहीं उपस्थित थे, वे यह सब सहन नहीं कर सके। वे दरबार से उठ कर जाने लगे तो धनानन्द ने देख लिया। उसे यह अपना अपमान लगा।

उसने दरबानों से कहा कि वे चाणक्य को बाहर न जाने दें और बोला, "अगर तुम्हें दरबार से इस तरह उठ कर जाना था, तो तुम आए ही क्यों थे?"

चाणक्य ने कठोर स्वर में कहा, "मैं यहाँ देखने आया था कि मगध में ज्ञान का दीपक जल रहा है या नहीं और क्या हम मिल कर सिकन्दर के होने वाले हमले को टाल सकते हैं। परन्तु मुझे अपनी भूल का एहसास हो गया है और अब मैं अपना समय नष्ट नहीं करना चाहता।"

धनानन्द गुस्से से गरजा, "इस आदमी को मेरी राजधानी से बाहर फिंकवा दो।"

दरबानों ने चाणक्य को उनकी शिखा से पकड़ लिया जो इस दौरान खुल गई थी, उन्होंने उन्हें दरबार से बाहर धकेल दिया। ब्राह्मण की शिखा प्रतीकात्मक होती है। यह उसकी गुरु, ईश्वर व अपने ग्रंथों के प्रति भक्ति का प्रतिनिधित्व करती है जिसे प्रतिदिन सुबह पूजन करने के बाद बाँधा जाता है। इस तरह चाणक्य अपने इस घनघोर अपमान से आहत हो उठे और अपनी भयंकर प्रतिज्ञा ली–'मैं तुम्हें मगध के राजसिंहासन से उतारने के बाद ही अपनी शिखा बाँधूगा।'

तब तक, चाणक्य केवल एक अध्यापक थे। उनके पास पद, सत्ता या सेना आदि नहीं थी। और तब उन्होंने एक शक्तिशाली राज्य के सम्राट को उसके पद से हटाने का संकल्प लिया था।

परन्तु केवल प्रतिज्ञा लेना ही पर्याप्त नहीं होता; व्यक्ति को उसे पूरा करने के लिए काम भी करना चाहिए। इस तरह चाणक्य जब भी अपनी शिखा देखते तो उन्हें अपनी प्रतिज्ञा का स्मरण हो आता। और अन्ततः, उन्होंने धनानन्द को उसके सिंहासन से उतार कर, चन्द्रगुप्त को मगध के राजसिंहासन पर बिठा कर, इतिहास कायम किया। यह मौर्य वंश के आरम्भ का सूचक था।

अन्तर्दृष्टि

- यहाँ तक कि भ्रष्ट व्यक्ति भी निष्ठावान को मान देता है। धनानन्द किसी का सम्मान नहीं करता था परन्तु अमात्य राक्षस की बात नहीं काटता था। वे एक निष्ठावान और योग्य मन्त्री थे और उनके विवेक और वचनबद्धता के कारण ही धृष्ट राजा भी विवश हो कर उनका सम्मान करता था।
- विवेकपूर्ण व्यक्तियों के संग रहो–राजा को भी विवेकी लोगों का संग चाहिए, हम भी इसी अभ्यास से विवेकवान बन सकते हैं।
- अपने कहे शब्दों को अवश्य पूरा करो। चाणक्य प्रतिदिन अपनी शिखा को देख कर अपनी प्रतिज्ञा को याद करते थे। परन्तु उन्होंने अपने कहे शब्दों को सच भी कर दिखाया।

अध्याय दो

परिवार सबसे पहले

आचार्य नीति

आपके लिए आपका परिवार कितना महत्व रखता है?

चाणक्य किसी व्यक्ति के जीवन में परिवार की अहमियत को अच्छी तरह समझते थे। एक व्यक्ति परिवार से जुड़ा होता है, परिवार समाज का हिस्सा होता है और समाज मिल कर एक देश बनाते हैं। किसी भी देश के निर्माण में हर व्यक्ति का सहयोग बहुत मायने रखता है। चूँकि एक व्यक्ति परिवार का भी एक हिस्सा होता है इसलिए परिवार भी देश निर्माण जितना ही अहम है।

आचार्य कथा

सारे संसार को जीतने के लिए निकला सिकन्दर, जल्दी ही भारत की सीमा पर आ गया। चाणक्य इस विषय में जानते थे और उन्हें यह भी पता था कि उन्हें उससे युद्ध करने के लिए प्रस्तुत होना होगा। उन्होंने सिकन्दर को हराने के लिए जो रणनीतियाँ तय की थीं, उनमें से एक यह भी थी कि वे अपने ही छात्रों की एक सेना तैयार करें, एक ऐसी सेना, जिसमें स्त्री और पुरुष दोनों शामिल हों।

इसके अनेक लाभ थे। गुरु और शिष्य का सम्बन्ध बहुत मजबूत होता है, एक आजीवन चलने वाली वचनबद्धता। एक व्यक्ति अपना नगर, अपना बॉस और कम्पनी बदल सकता है, परन्तु वह अपने गुरु के प्रति निष्ठावान रहता है। चाणक्य के छात्रों की सेना उनके प्रति निष्ठावान थी और वे पूरे विश्वास के साथ उनके निर्देशों का पालन करते।

परन्तु वे यह भी जानते थे कि उनके शिष्य अपने पारिवारिक दबावों में आ सकते थे। चाणक्य एक महान मनोविज्ञानी होने के नाते अपने छात्रों और

उनके माता–पिता की मानसिक दशा का अनुमान लगाना भी जानते थे। उन्होंने युवाओं को अपने साथ शामिल होने की अनुमति तो दी परन्तु यही कहा कि उन्हें अपने परिवार की अनुमति और आशीर्वाद भी लेना होगा।

एक बार, एक युवक उनकी सेना का हिस्सा बनना चाहता था। हमेशा की तरह चाणक्य ने यही कहा कि उसे अपनी माता से अनुमति लेनी होगी और वे स्वयं उसके परिवार से भेंट के लिए जाना चाहेंगे।

उस युवक ने कहा, "गुरुदेव! आप मेरे साथ गाँव चल कर परिवार से भेंट करें। आपका स्वागत है परन्तु मुझे उनकी अनुमति क्यों लेनी होगी? चाहे मेरा परिवार माने या न माने परन्तु मैंने तो निर्णय कर ही लिया है।"

छात्र के घर जाने पर चाणक्य को पता चला कि सभी तनावग्रस्त थे। युवक ने उन्हें बताया था कि वह सेना में शामिल होने जा रहा था पर वे तय नहीं कर पा रहे थे कि यह एक उचित निर्णय था या नहीं। गुरु चाणक्य को देख माँ रोष से भर गई। उसे लगता था कि लड़का गुरु के कहने में आ कर ही यह निर्णय ले रहा था।

"मैंने आपके और आपकी योजनाओं के बारे में सुना है, आचार्य चाणक्य! आप बच्चों को अपने ऐसे राष्ट्रवादी विचारों से कैसे प्रभावित कर सकते हैं? और अब कोई सेना बनाने जा रहे हैं, मेरा बच्चा भी उसमें शामिल होना चाहता है। आप क्या सोचते हैं? आप मेरे बच्चे को इस निरर्थक युद्ध में धकेल कर उसके प्राण ले सकते हैं?"

एक माँ होने के नाते, वह स्त्री अपने बेटे को खोने से भयभीत थी। वह तब तक चाणक्य के सामने बोलती रही, जब तक उसके शब्द समाप्त नहीं हो गए। इस दौरान चाणक्य पूरी तरह से शान्त रहे। जब उसने देखा कि वे तो कुछ बोल ही नहीं रहे थे तो वह हैरान हो गई।

अब चाणक्य ने कहा, "मुझे लगता है कि मैं किसी गलत घर में आ गया हूँ और ऐसी महिला से बात कर रहा हूँ जो मातृत्व को नहीं समझती।"

यह सुन कर महिला को बहुत बुरा लगा कि वह अच्छी माँ नहीं थी। उसके चेहरे का यह भाव देख कर चाणक्य ने आगे कहा, "अगर माता पर हमला हो और पुत्र देखता रहे तो क्या उसे एक अच्छा पुत्र कहा जाएगा? ऐसे में आप अपने पुत्र को मातृभूमि की रक्षा करने से कैसे रोक सकती हैं, जिस पर हमला होने जा रहा है?

हमारे पूर्वज इस धरती को मातृभूमि कहते थे। इसने हमारी महान संस्कृति को जन्म देते हुए, हमें पोषित किया है। अब वह सुरक्षा चाहती है और उसके पुत्रों को उसकी रक्षा करनी ही चाहिए। मुझे नहीं लगता कि आपका पुत्र और आप अभी इसे समझने लायक हो गए हैं। अपने बेटे को अपने साथ रखें। मैं उसे अपनी सेना का अंग नहीं बनाना चाहता।

जब वे बाहर जाने लगे तो पुत्र ने गुस्से से कहा, "माँ! तुम ऐसा कैसे कर सकती हो? मेरे गुरु तुम्हारी अनुमति लेने आए और तुमने इन्कार कर दिया?

इससे पूर्व कि वह अपनी बात पूरी करता। उसकी माता ने आगे जा कर चाणक्य को पुकारा, "आचार्य! भीतर आ कर भोजन करें और फिर मेरे पुत्र को अपने साथ ले जाएँ।"

चाणक्य ने मुस्कुरा कर कहा, "अगर आप अनुमति नहीं देतीं तो भी मैं उसे ले कर ही जाता। पर मैं चाहता था कि आपके बेटे को भी एहसास हो जाए कि सेना का हिस्सा बनने के बाद उसके लिए कोई और जगह नहीं रहेगी, यहाँ तक कि उसका अपना घर भी नहीं।"

अब छात्र को अपने गुरु का सबक समझ आ गया : जब एक बार आपका परिवार आपके विश्वास को मान्यता दे देता है, तो आप पूरा मन लगा कर अपना काम कर सकते हैं।

अन्तर्दृष्टि

- आप चाहे जो भी करें, कोशिश यही हो कि आपको अपने परिवार का आशीर्वाद भी मिले।
- दल के नेता को पता होना चाहिए कि वह केवल अपने लोगों के साथ काम नहीं करता; वह अपने परिवार के लोगों के साथ काम करता है।
- केवल संगठन बनाने का लक्ष्य न रखें। बड़े परिवार भी बनाएँ। वे कठिन समय में आपके सहायक होंगे।

अध्याय तीन

युद्ध में सहयोग

आचार्य नीति

मनुष्य के इतिहास में अक्सर युद्ध होते आए हैं। युद्धों के बारे में रोचक बात यह है कि वे कभी अकेले नहीं लड़े जाते और उन्हें अकेले लड़ा भी नहीं जाना चाहिए। जब आप अकेले लड़ते हैं तो आप अपनी रणनीति और सेना के साथ ही लड़ते हैं। जब आप दूसरों के सहयोग से लड़ते हैं तो आपके पास कई तरह की रणनीतियाँ और सेनाएँ हो जाती हैं।

आप महाभारत का ही उदाहरण लें, जिसमें कौरवों और पांडवों के बीच लड़ाई हुई थी। बहुत से राजा पांडवों के साथ थे और बहुत से राजाओं ने कौरवों का साथ दिया। चाणक्य के अर्थशास्त्र के अनुसार, ये सहयोगी मित्र कहलाते थे।

आचार्य कथा

चाणक्य जानते थे कि केवल अपनी ही सेना का गठन बहुत नहीं था। उन्हें सिकन्दर को हराने के लिए दूसरे राजाओं और सेनाओं की आवश्यकता होगी। हालाँकि उनके पास धनानन्द का समर्थन नहीं था परन्तु उन्होंने दूसरे राजाओं से सहयोग माँगा।

उस समय भारत सोलह प्रान्तीय राज्यों में विभाजित था, वे सभी एक–दूसरे से कटे हुए थे। चाणक्य चाहते थे कि वे सभी मिल कर देश पर हमला करने वाले शत्रु का सामना करें। वे उन सभी राजाओं से अलग–अलग मिले और उनसे मदद चाही। धनानन्द जैसे राजाओं ने उन्हें मदद देने से इन्कार कर दिया और उनकी खिल्ली उड़ाई। कुछ ने चाणक्य को अपमानित कर लौटा दिया और कुछ लोगों ने प्यार से इन्कार कर दिया।

उनमें से कोई भी चाणक्य के देशभक्ति के विचार में विश्वास नहीं रखता था। उन्हें लगता था कि सिकन्दर जैसे विजेता से लोहा मोल लेना कोई आसान नहीं था। पर तब भी चाणक्य ने हिम्मत नहीं हारी। मगध के अलावा वे मदद के लिए कैकेय, कुरु और मालव भी गए। दरअसल उन राजाओं के इन्कार का एक कारण यह भी था कि वे इस हमले को अपने लिए सन्कट नहीं मान रहे थे–उन्हें लगता था कि उसकी सेना, उनके राज्यों की सीमा से बहुत दूर थी।

चाणक्य ने एक और पहल अपनाने का निर्णय लिया। वे एक आचार्य होने के नाते समय–समय पर भाषणों, व्याख्यानों और शास्त्रार्थों में शामिल होते थे। उन्होंने तय किया कि वे दूसरे राज्यों के शिक्षक जगत को अपने साथ शामिल करेंगे। पहले उन्होंने अपने एक मित्र से बात की जो कुरु राज्य में राजनीति विज्ञान पढ़ाते थे।

उन्होंने उससे कहा, "तुम मेरे लिए एक सार्वजनिक भाषण का प्रबन्ध क्यों नहीं करते?"

"चाणक्य! यह तो बहुत अच्छा होगा। तुम अर्थशास्त्र का इतना ज्ञान रखते हो। सबको तुम्हें सुनने में बहुत आनन्द आएगा। मैं अपने विश्वविद्यालय में यह प्रबन्ध कर दूँगा।"

चाणक्य उदासी से बोले, "मैं भले ही शिक्षाविदों को प्रभावित कर लूँ पर मैं देश से जुड़े काज के लिए राजाओं को प्रभावित नहीं कर सकता।"

वह मित्र सारी बात जानना चाहता था। तब चाणक्य ने उसे बताया कि किस तरह सभी राजाओं ने अपने–अपने तरीके से, उन्हें युद्ध में सहयोग देने से इन्कार कर दिया था।

चाणक्य बोले, "अब मुझे इन राजाओं को समझाने के लिए नया मार्ग अपनाना होगा। यह ज्ञान का मार्ग होगा। यह मेरी विशेषज्ञता रही है और अब मैं इसका ही लाभ उठाऊँगा।"

उनके मित्र ने विस्तार से जानना चाहा तो वे बोले, "जब मैं भाषण देने आऊँ तो कोशिश करना कि तुम्हारे महाराज भी उपस्थित हों।"

"कोई बात नहीं। महाराज उपस्थित होंगे। वे भाषण सुनने के अलावा तुम्हें पुरस्कार और उपहार भी देंगे।"

चाणक्य ने आगे कहा, "मैं महाराज से उपहार नहीं चाहता। मुझे उनकी मौजूदगी और समझदारी चाहिए। मैं अप्रत्यक्ष तौर पर अपनी बात रखूँगा। अगर वे समझदार होंगे तो इसे समझ लेंगे।"

भाषण वाले दिन चाणक्य को सुनने वाले श्रोताओं की कमी नहीं थी। महाराज एक नेक और भले इन्सान थे। वे चाणक्य से निजी तौर पर मिले और सम्मानित किया। चाणक्य ने उन्हें देश निर्माण के बारे में बताया। इसके बाद चाणक्य ने राष्ट्र निर्माण के बारे में विस्तार से चर्चा की।

"हमें मिल कर देश के लिए तय किए गए लक्ष्यों पर काम करना होगा। जब कोई विदेशी हमला हो तो हम स्थानीय तौर पर न सोचें, हमें मिल कर एक देश की तरह लड़ना होगा। जब सिर पर चोट होगी तो क्या हाथ उसे बचाने नहीं जाएगा?"

राजा चाणक्य की बात से सहमत थे। सभी उन्हें मंत्रमुग्ध हो कर सुन रहे थे। तब एक अध्यापक ने पूछा, "युद्ध में आपसी सहयोग क्यों अनिवार्य है?"

चाणक्य ने गहन गम्भीर स्वर में कहा, क्योंकि हम एक साथ मिल कर ही जीत सकते हैं।

क्या आप जानते हैं कि मेरे लिए युद्ध जीतना एक अलग बात है। परन्तु मैं प्रजा और राजाओं को राष्ट्रवाद की शिक्षा भी देना चाहता हूँ। देशभक्ति के भाव के बिना कोई युद्ध नहीं जीता जा सकता। यह किसी भी लड़ाई को जीतने का पहला शस्त्र है।

चाणक्य ने मन ही मन सोचा, 'जब मैं महलों में जाता हूँ तो राजा नहीं सुनते परन्तु वे इन संस्थानों में आ कर बात को बेहतर तरीके से सुनते और समझते हैं।' इसके बाद उन्होंने इसी तरह अपने सन्देश को प्रजा व राजाओं तक पहुँचाना आरम्भ कर दिया। वे जानते थे कि गुरु किसी भी राजा को प्रभावित कर सकते हैं।

और चाणक्य अपना लक्ष्य पाने में सफल रहे। उन्होंने राजाओं के सहयोग से सिकन्दर को परास्त किया। इसके बाद उन्होंने दूसरे राजाओं के साथ भी इसी रणनीति को अपनाया ताकि इसकी जाँच होती रहे।

उनके अन्तिम शब्द थे, हम प्रतियोगिता में नहीं, आपसी सहयोग से किसी भी युद्ध को जीत सकते हैं।

अन्तर्दृष्टि

- सहायक किसी भी युद्ध में बहुत महत्व रखते हैं। आपके साथ जितने साथी होंगे, आपकी जीत की संभावना उतनी अधिक होगी।
- अगर कोई सहयोग न देना चाहे तो हार न मानें। दूसरों को आजमाएँ। उनके भीतर संघर्ष करने की भावना विकसित करें।
- अगर आपके साथी अपने घर में न मानें तो उन्हें अपनी बात का यकीन दिलाने के लिए अपने घर बुलाएँ और नए सिरे से बात करें।

अध्याय चार

कमजोर कड़ी

आचार्य नीति

प्रबन्धन विशेषज्ञ रणनीति नियोजन के लिए सदा स्वॉट विश्लेषण करते हैं। इसमें अंग्रेजी के चार अक्षर शामिल हैं – SWOT

S – ताकत (Strength)

W – कमजोरी (Weakness)

O – अवसर (Opportunities)

T – खतरे (Threats)

जब कम्पनी बाजार में किसी उत्पाद को उतारना चाहती है तो यह उद्योग और प्रतियोगियों का जायज़ा लेने के लिए यही विश्लेषण करती है।

सफल होने के लिए व्यक्ति को अपनी ताकत और कमज़ोरी पता होनी चाहिए। हाथ आए अवसरों का भी विश्लेषण किया जाना चाहिए। आने वाले सन्कटों को पहले से भाँप कर उनके लिए योजना भी बनाई जा सकती है।

ऐसे चिन्तन साधन चाणक्य ने एक रणनीति विशेषज्ञ के तौर पर लागू किए थे ताकि अपनी परिस्थितियों का पूरा आकलन हो सके।

आचार्य कथा

चाणक्य सदा अपने शत्रुओं की कमियों पर ध्यान देते थे। वे सदा युद्ध के लिए तैयार रहते, उनके पास शत्रु को हराने का एक नियम था।

एक लोहे की जंजीर में भी कहीं न कहीं एक कमजोर कड़ी होती है।

चन्द्रगुप्त और उनके अधिकारी यह सुन कर हैरान रह गए, जब चाणक्य

ने कहा कि यही बात सिकन्दर महान पर भी खरी उतरती थी। सिकन्दर एक महान और शक्तिशाली नेता होने के साथ–साथ युवा और ओजस्वी भी था। वह मकदूनिया से निकला और लगभग आधी दुनिया जीत कर, भारत को अपने वश में करना चाहता था।

वह जहाँ भी जाता, सेनाएँ ताश के पत्तों की तरह भरभरा कर गिर जातीं। यह खबर ही सबको भयभीत करने के लिए बहुत होती कि सिकन्दर उनकी ओर हमला करने के लिए बढ़ रहा था। इसके अलावा, उसके आसपास एक दैवीय आभामण्डल बना था, जो कहता था कि वह सारे संसार पर राज करने के लिए बना था।

परन्तु चाणक्य ने सिकन्दर की सारी खूबियों पर नजर मारी ; उसके पास भारी सेना, भयंकर हथियार और एक ही झटके में सारी सेना को मार गिराने का गुण था।

और जब सभी के लिए ये गुण डरने का कारण बन रहें थे तो चाणक्य किसी और ही सोच में खोए थे। उन्होंने कहा, "चिन्ता न करें, हम जल्द ही कोई कमजोर कड़ी भी तलाश लेंगे। युद्ध लड़ाई के मैदान में नहीं, लोगों के दिमागों में लड़े जाते हैं।"

सिकन्दर की बड़ी सेना ही उसकी सबसे बड़ी सम्पत्ति थी और चाणक्य जानना चाहतें थे कि उसकी सेना काम कैसे करती थी। उन्होंने अपने पास महिला गुप्तचरों की एक वाहिनी बनाई थी जिसे उन्होंने 'विषकन्या' का नाम दिया था। ये सुन्दर और वीर स्त्रियाँ युद्धकला में माहिर थीं। वे अक्सर दुश्मन को अपनी मीठी बातों के जाल में उलझा कर, उससे राज निकलवा लातीं। अब चाणक्य को इस काम के लिए विषकन्या की आवश्यकता थी।

कहा जाता है, 'भगवान ही स्त्रियों के मन की बात नहीं जान सकते।' परन्तु चाणक्य जानते थे कि स्त्रियाँ पुरुषों की तुलना में मनुष्य के मनोविज्ञान को समझती हैं। पुरुष जिस काम को विश्लेषण से पूरा नहीं कर पाते, वे उसे अपनी भावात्मक योग्यता से पूरा कर सकती हैं।

उन्होंने उनमें से एक को चुना और कहा, "सिकन्दर के खेमे में जा कर पता करो कि वे क्या योजना बना कर आए हैं?"

उसने अपना सिर झुकाते हुए कहा, "जैसी आपकी आज्ञा, आचार्य!"

उन्होंने सलाह दी, "मैं जानता हूँ कि तुम बहुत होशियार हो पर मैं उन पर भरोसा नहीं कर सकता इसलिए थोड़ा सावधान रहना।"

"चिन्ता न करें, मैं न केवल उनकी सारी सूचना ले कर आने वाली हूँ बल्कि उनके मन की बात भी पढ़ लूँगी।"

कुछ ही दिन बाद, जब विषकन्या वापिस आई तो आचार्य उसे सही –सलामत लौटा देख कर प्रसन्न हुए।

पर साथ ही वे यह भी देख सकते थे कि वह बहुत डरी हुई थी।

"क्या हुआ ? क्या कोई परेशानी थी ?

"आचार्य, निजी तौर पर कोई हानि नहीं हुई। पर देश के लिए बड़ा खतरा दिख रहा है। उनकी सेना का आकार कल्पना से भी परे है। मैंने भी ऐसे पुरुष नहीं देखे। वे सब बहुत ही लंबे–चौड़े और कड़े संकल्प वाले हैं। वे अपने नेता के आदेश पर कुछ भी कर सकते हैं। उनके पास सबसे बेहतर हथियार और 'करो या मरो' वाला उत्साह है। हमारी पराजय तो पक्की है।"

परन्तु चाणक्य जरा भी नहीं घबराए। उन्होंने पूछा, "तुमने उन पुरुषों के बारे में और क्या जाना?" वे जानते थे कि स्त्रियाँ अनकहे शब्दों को कहीं बेहतर तरीके से समझ सकती हैं।

एक क्षण विराम के बाद वह बोली, "जब उन्होंने मुझे देखा, तो मैं डर गई। पर फिर एहसास हुआ कि वे अचानक थोड़े नरमदिल हो गए। मैं अपनी सुरक्षा को ले कर चिन्तित थी इसलिए इससे ज्यादा नहीं समझ सकी।"

चाणक्य हँस कर बोले, "ठीक है, तुमने अपना काम अच्छी तरह निभाया। मुझे अपने लिए रणनीति मिल गई है।"

विषकन्या को कुछ समझ नहीं आया तो चाणक्य बोले, "पुत्री! ये पुरुष अनेक वर्षों से अपने परिवारों से दूर हैं। वे इतना युद्ध करते आए हैं कि प्यार और मानवीय देखरेख जैसे भावों को भुला बैठे हैं। तुम्हें देख कर उन्हें अपने परिवार और पुत्रियों की याद आई होगी। तुम्हारी वजह से उनके भीतर करुणा का स्त्रोत बह उठा।"

विषकन्या समझ गई कि अब उन्हें क्या करना होगा। 'मजबूत से मजबूत जंजीर में भी कमजोर कड़ी होती है।' महान रणनीतिज्ञ आचार्य

चाणक्य ने अनेक विषकन्याओं की नियुक्ति कर दी जो सिकन्दर की सेना के युवकों के भावों से खेलने लगीं जिससे उनका संकल्प और रक्तपिपासा शान्त होने लगे। इस तरह उन्हें पराजित होने में समय नहीं लगा।

अन्तर्दृष्टि

- आपका प्रतियोगी भले ही कितना भी ताकतवर, संसाधनपूर्ण और संकल्पबद्ध क्यों न हो। भले ही कितना तैयार क्यों न हो, कोई न कोई कमजोर कड़ी अवश्य होती है।
- औरतों को इन्सानी भावों की अच्छी समझ होती है। वे आपको अपनी सोच और छिपी इबारत को समझने की क्षमता से आश्चय में डाल सकती हैं।
- दुश्मन का इंतजार करने से बेहतर होगा कि उन्हें अपनी रणनीति से चकित कर दिया जाए।

अध्याय पाँच

'एक' की ताकत

आचार्य नीति

हमेशा यही माना जाता है कि बड़े बदलाव कई लोगों के कारण ही सम्भव होते हैं। परन्तु कई बार बड़े बदलाव छोटे तरीकों से भी सामने आते हैं और वे अक्सर एक ही मनुष्य से आरम्भ होते हैं।

'एक व्यक्ति क्या कर सकता है? वह अकेले ही इतना बड़ा परिवर्तन कैसे ला सकता है?यह तो असम्भव लगता है?' एक छात्र ने एक दिन अपने गुरु से कहा।

गुरु ने मुस्कुरा कर कहा, 'दरअसल, केवल एक व्यक्ति ही करता है, बाकी सब तो पीछे चलते हैं।'

आरम्भ में भले ही यह कठिन लगे, परन्तु यह सदा पहल करने वाले व्यक्ति पर ही निर्भर करता है। उसके सतत प्रयत्नों, समूह के प्रयासों व प्रभु की कृपा से, प्रयास सफल होगा।

चाणक्य का जीवन इस बात का ऐतिहासक उदाहरण है कि एक अकेला व्यक्ति क्या कर सकता है। उन्होंने अपनी समझदारी और साहस के बल पर अकेले ही ऐसे काम कर दिखाए, जो शायद सौ लोग भी मिल कर नहीं कर सकते थे।

आचार्य कथा

जब चाणक्य ने सबसे पहले राष्ट्र निर्माण की बात सोची तो उनके पास कुछ नहीं था; संसाधन, सेना या किसी से भी सहयोग का अभाव था। परन्तु इसके बावजूद, वे दुनिया के सबसे बड़े विजेता को पराजित करने में सफल रहे।

कल्पना करें–चाणक्य को एक साथ दो समस्याओं को हल करना

था–बाहरी और भीतरी। उन्हें बाहरी तौर पर सिकन्दर को हराना था, जो संसार को जीतना चाहता था। उन्होंने न केवल ऐसा किया बल्कि यह भी पक्का प्रबन्ध कर दिया कि सिकन्दर दोबारा भारत न आ सके।

आन्तरिक रूप से, उन्हें भारत के उन सोलह प्रान्तीय राज्यों को एक करना था, जो सदा आपस में ही लड़ते रहते। उन्हें शक्तिशाली धनानन्द को सिंहासन से हटा कर, चन्द्रगुप्त को उसके स्थान पर बिठाना था। जब सिकन्दर नहीं रहा तो उन्हें अच्छे नेतृत्व और प्रशासन के बल पर एक नए भारत का निर्माण करना था।

चाणक्य ने चन्द्रगुप्त को भारत का सम्राट घोषित कर दिया, यह समाचार जंगल की आग की तरह चारों ओर प्रसारित हो गया। उनकी सफलता को न केवल राजाओं और प्रजा ने सराहा बल्कि दूसरे विश्वविद्यालयों के अध्यापक और आचार्य भी उनके कायल हो गए।

उनकी सफलता को देख, दूसरे विश्वविद्यालय के एक आचार्य उनसे भेंट करने आए। वे तक्षशिला में चाणक्य के सहपाठी रहे थे और उनके बीच परम मैत्री थी।

उन्होंने चाणक्य का असली नाम ले कर कहा, "विष्णु! तुमने यह सब कैसे हासिल किया? तक्षशिला में सभी आचार्य और छात्र तुम्हारी बुद्धिमता के प्रशंसक थे। हम सभी जानते थे कि तुम किसी न किसी बात पर विचार करते रहते थे। पर तब भी सिकन्दर को हराना, धनानन्द को धूल चटा कर चन्द्रगुप्त को सिंहासन पर बिठाना; हम तो ऐसा करने के बारे में सोच तक नहीं सकते थे।"

चाणक्य विरक्त भाव से अपने मित्र के मुख से प्रशंसा सुनते रहे।

"विष्णु! तुम बहुत चतुर हो। मैं आज छोड़ने वाला नहीं। तुमसे तुम्हारी चतुराई का राज जान कर ही रहूँगा। तुम्हें मुझे सब कुछ बताना ही होगा।"

चाणक्य ने कोई उत्तर नहीं दिया परन्तु अचानक उनके मित्र ने ऐसा कुछ कहा कि उनके भीतर भाव उमड़ आए।

"विष्णु तुम जानते हो कि मैं और तुम केवल मित्र नहीं बल्कि आचार्य भी हैं। हम दोनों पर छात्रों की भारी जिम्मेवारी है। हमें उन्हें ज्ञान और अनुभव सौंपना है। तभी हम एक ऐसी पीढ़ी तैयार कर सकते हैं जिसे अपने शिक्षक वर्ग पर गर्व हो। तुम्हारे जैसे शिक्षक बहुत कम हैं जो सिद्धान्तों को

अभ्यास में बदल सकते हैं। मेरी ओर देखो। मैं अपने ज्ञान के बल पर अच्छे भाषण दे कर छात्रों को प्रभावित कर सकता हूँ परन्तु दूसरों के सिद्धांत दोहराने के अलावा मेरे पास कोई गुण नहीं है।

यदि तुम बताओगे नहीं तो मैं नियम और व्यवहार के बीच का अन्तर कैसे जान सकूँगा...सफल होने की इच्छा और सफल होने के अन्तर को कैसे पूरा कर सकूँगा?"

अन्ततः आचार्य ने अपनी चुप्पी तोड़ी। "कोई एक रणनीति सफलता की ओर नहीं ले जाती। हमें बहुत सारी रणनीतियों को एक साथ लागू करना होता है – जो सामने आने वाले व्यक्तियों व परिस्थितियों पर निर्भर करती हैं।

"तो तुम एक साथ सभी रणनीतियों को कैसे लागू कर लेते हो?"

"साम दाम दण्ड भेद।" चाणक्य बोले

"विष्णु विस्तार से बता सकते हो?"

"समस्याओं से निपटने के चार उपाय होते हैं। कई बार सब कुछ इतना सरल होता है कि आपसी चर्चा से हल हो जाता है। किसी पर हमला नहीं करना पड़ता। आपके सामने वाला इन्सान अगर समझदार होगा तो आपके तर्क को समझ लेगा। यही साम है।

मनुष्य अक्सर स्वार्थी होता है। वह सदा निजी लाभ चाहता है। अगर आप अपना लक्ष्य पाना चाहें तो आपको उसकी जरूरत को समझना होगा और उसे ऐसी पेशकश देनी होगी, जिसे वह ठुकरा न सके। यह दाम है।

अगर भलाई काम न आए, और आपके सामने वाला अपने हठ पर अड़ा रहे, तो उसे अपनी चतुराई से वश में करें। फूट डालो और राज करो की नीति अपनाएँ, दुश्मनों के बीच आन्तरिक संघर्ष पैदा कर दें। यही भेद है।"

चाणक्य के चेहरे पर कठोरता उभर आई थी।

"अगर यह भी काम न आए तो शत्रु को दण्ड देना होगा। अगर बिल्कुल बात न बने तो कठोर दण्ड देना होगा। शत्रु का समूल नाश करना होगा। यही दण्ड है।

इसके बाद वे कुछ पल शान्त रहे। फिर अपने मित्र की ओर देख बोले, "परन्तु याद रखो, तुम जो भी करो, वह सब किसी उन्नत और आध्यात्मिक

उद्देश्य के लिए होना चाहिए। अगर ऐसा नहीं होगा तो तुम भी स्वार्थी बन कर अपनी शक्तियों का दुरुपयोग करने लगोगे।"

चाणक्य का मित्र उनका बहुत सम्मान करता था, वह बोला, "विष्णु! केवल कुछ ही लोगों ने तुम्हें समझा। अधिकतर लोग तुम्हें समझ नहीं सके। अब मैं जान गया कि एक व्यक्ति की बुद्धिमता क्या कर सकती है?"

अन्तर्दृष्टि

- किसी एक व्यक्ति का आगे आना होगा। एक बार आप कदम उठाएँगे तो लोग स्वयं ही आपका अनुसरण करेंगे।
- रणनीतियाँ आपके सामने दिख रहे लोगों और हालात पर निर्भर करती हैं। सफलता के लिए कोई तय फार्मूला नहीं होता।
- सफलता पानी है तो आपके पास आध्यात्मिक उद्देश्य होना चाहिए। जिसके पास आध्यात्मिक आधार होगा, वही इन्सान सबसे उच्च और असम्भव लक्ष्य को पा सकेगा।

अध्याय छह

एक आदर्श शिष्य को पाने की चाह

आचार्य नीति

जिस तरह हर छात्र एक अच्छा अध्यापक पाने का सपना देखता है। उसी तरह हर गुरु भी अपने लिए आदर्श शिष्य की चाह रखता है। भगवद्गीता में कहा गया है :

जहाँ भी दिव्य कृष्ण और उनके योग्य शिष्य अर्जुन होंगे, वहीं सौंदर्य, नैतिकता, असाधारण शक्ति व दुष्टता पर जीत होगी।

इन शब्दों के अनुसार योग्य गुरु और शिष्य का मिलन होते ही सफलता और प्रसन्नता स्वयं ही आगे आ जाते हैं। उनका मिलन परस्पर जादुई और रूपांतरणकारी होता है।

आचार्य कथा

मगध, चाणक्य के काल में सबसे विशाल भारतीय राज्य था, जिस पर नंद वंश के नवें राजा धनानन्द का शासन था। वह एक गैरजिम्मेदार और स्वकेन्द्रित नेता था, जो अपने मन्त्रियों की नेक सलाह के बावजूद, निरन्तर अपनी ही कल्पनाओं और इच्छाओं को पूरा करने में लगा रहता था।

एक बार, धनानन्द के दरबार में, दार्शनिक चर्चा के दौरान, चाणक्य को राजा के बेतुके बर्ताव से खीझ होने लगी और उन्होंने बाहर जाने का निर्णय लिया। यह देख राजा को अपमान महसूस हुआ और उसने उन्हें दरबार से निकाल दिया। चाणक्य ने क्रोधित हो कर शपथ ली कि वे उस सिंहासन से दम्भी राजा को हटा कर, किसी योग्य और बेहतर व्यक्ति को स्थान देंगे।

परन्तु ऐसा आदर्श राजा कौन होगा?

अर्थशास्त्र के ज्ञाता होने के नाते, तक्षशिला विश्वविद्यालय में, चाणक्य के अनेक समझदार और संसाधनपूर्ण छात्रों से सम्पर्क थे परन्तु उनमें से किसी में भी भावी राजकुमार बनने की संभावना नहीं थी। उन्होंने अपनी तलाश जारी रखी।

एक दिन अचानक चाणक्य की तलाश पूरी हो गई। वे एक स्थान से निकले, जहाँ कुछ लड़के खेल रहे थे। अक्सर बच्चों को उनकी ही रौ में देखा जाए तो आप उनके रवैए, समूह भावना, सहयोग, नेतृत्व कौशल और निर्णय निर्धारण क्षमता का पता लगा सकते हैं।

वे उस दल को बहुत ही ध्यान से देखने लगे। बच्चों ने दरबार सजाया था। एक बालक सबका राजा बना हुआ था और कुछ बच्चे दरबारी बने बैठे थे।

मन्त्री राज्य के मामले पेश करते और राजा बना हुआ बालक उनके लिए हल सुझाता।

किसी भी मामले में अन्तिम निर्णय लेने के लिए सजग विश्लेषण, हालात को समझने की योग्यता और व्यक्ति व परिस्थिति को अलग कर देखने की आवश्यकता होती है।

शासक को दयालु और दूसरों की देखरेख करने वाला भी होना चाहिए परन्तु इसके साथ ही उसके स्वभाव में दृढता और मजबूती भी चाहिए। उसे समानुभूति रखने के साथ–साथ अनासक्त भी होना चाहिए। एक अच्छे जज को कानून को समझना चाहिए पर फिर भी ऐसा ही हो कि वह नियम को समझे ताकि उचित न्याय हो सके। वह बालक ऐसे सभी गुणों का वाहक था जिसे देख चाणक्य प्रसन्न हो गए। उन्हें उस खेल में आनन्द आने लगा।

मन्त्री बने हुए बालक ने कहा, "महाराज! हम इस कर्मचारी का मामला ले कर आए हैं। इसने काम पूरा नहीं किया पर पूरा मेहनताना माँग रहा है।"

"तुम ऐसा क्यों कर रहे हो? काम पूरा किए बिना पैसा भी पूरा नहीं मिलता। कानून के अनुसार काम पूरा होने पर ही वेतन मिलता है।" महाराज बने बालक ने कहा।

कर्मचारी बोला, "महाराज! मैं इस कपड़ा बनाने वाले बुनकर के पास

कई सालों से काम कर रहा हूँ। अपने परिवार में केवल मैं ही कमाने वाला हूँ। माता–पिता, बीबी और बच्चे मेरी ही आय पर आश्रित हैं। हाल ही में बीमारी के कारण पूरा सप्ताह काम पर नहीं जा सका। जब वापिस आया तो मैंने अपनी मजदूरी माँगी पर मालिक ने देने से इन्कार कर दिया।"

मालिक से बुला कर पूछा गया तो उसने कहा, "महाराज! यह बीमार था। मेरे काम का नुकसान हो रहा था इसलिए मैंने इसके स्थान पर दूसरे व्यक्ति को रख लिया। अब इसने तो काम नहीं किया, मैं इसे पैसे क्यों दूँ?"

वह आदमी रोने लगा, "महाराज! दया करें। मैं कई सालों से काम कर रहा था। ऐसा कभी नहीं हुआ। हमेशा समय पर काम पूरा किया है पर बीमारी को कैसे रोक सकता था, गरीब आदमी हूँ। मेरा परिवार तो भूखों मर जाएगा।"

राजा ने अपने मन्त्रियों से सलाह लेने के बाद ऐलान किया, "हालाँकि नियम के अनुसार अधूरे काम के पैसे नहीं दिए जाते परन्तु इस व्यक्ति की मेहनत और लगन को नकारा नहीं जा सकता। इतने सालों से काम करने की वजह से यह मालिक के ही परिवार का अंग हो गया है।"

राजा ने ऐलान किया कि उस आदमी को पूरे सप्ताह के पैसे दिए जाएँ, जिस दौरान वह बीमार रहा था।

उसने कहा, "आर्थिक नीतियों को ध्यान में रखने के साथ–साथ हमें यह भी देखना चाहिए कि हमारे कर्मचारियों का कल्याण कैसे हो सकता हे। हमें नए नियम बनाने होंगे ताकि इस तरह के अवकाश में भी कर्मचारियों को उनकी मजदूरी दी जा सके।"

चाणक्य ने लड़के के न्याय को सराहा। वह न केवल कानून का रखवाला था बल्कि प्रजा की भी देखरेख कर रहा था। उसने एक नया कानून भी बनाया था। उसने एक सच्चे राजा के सारे गुणों का प्रदर्शन किया। चाणक्य ने उस बालक का नाम पूछा तो पता चला कि उसका नाम चन्द्रगुप्त मौर्य था।

चाणक्य मुस्कुराए। आदर्श गुरु को अपने लिए आदर्श शिष्य मिल गया था।

अन्तर्दृष्टि

- एक छात्र और अध्यापक के मिलन का उचित समय वही है जब वे दोनों तैयार हों। ऐसी भेंट दोनों के लिए रूपांतरण ला सकती है।
- लोगों को उनके खेल से नहीं बल्कि उस रवैए से परखो, जिससे वे खेल रहे हैं।
- एक राजा को न्याय व्यवस्था के साथ प्रजा का हित साधना चाहिए। अगर आवश्यक हो तो उनके कल्याण के लिए नए कानून बनाए जा सकते हैं।

अध्याय सात

चावल युद्ध रणनीति

आचार्य नीति

एक प्रसिद्ध बॉलीवुड फिल्म में संवाद है, 'लड़ाई ताकत से नहीं, दिमाग से लड़ी जाती है।'

हम जिस तरह सोचते हैं और योजना तैयार करते हैं, वह असली लड़ाई से अधिक मायने रखता है। सेना की कहावत के अनुसार, 'लड़ाई युद्ध के दौरान नहीं, शांति के दौरान नियोजन और तैयारी में जीती जाती हैं।'

चाणक्य के पास अपने छात्रों को रणनीतियाँ सिखाने के लिए अनूठे तरीके थे। कई बार अपने भाषणों के माध्यम से तो कई बार जीवन से जुड़े उदाहरणों व भोजन के दौरान भी पाठ पढ़ाया करते थे।

आचार्य कथा

युवा चन्द्रगुप्त मौर्य सदा लड़ने और अपने क्षेत्र का विस्तार करने के लिए उत्सुक रहता था। एक दिन चाणक्य ने उसे अपने मन्त्रियों के साथ लड़ाई की रणनीति तैयार करते हुए देखा। वह दुश्मन पर सीधा हमला करने के बारे में सोच रहा था।

उसने कहा, "हमें सीधा लड़ने जाना होगा। हम राज्य के बीच जा कर, सबसे पहले राजा को मार देंगे। इस तरह समय और प्रयत्न के बिना ही युद्ध में जीत मिल जाएगी।"

चाणक्य अपने छात्रों की हर बात को ध्यान से देखते थे। उन्हें यह उपाय दोषपूर्ण लगा। यह काम करना इतना आसान नहीं था। चन्द्रगुप्त एक युवा महत्वाकांक्षी राजा था पर अभी उसके भीतर नजरिए और दूरदर्शिता का अभाव था। क्या सचमुच इस तरह राजा को मार कर लड़ाई जीती जा सकती थी?

चाणक्य ने उन्हें सिखाया था कि सबसे पहले ऊपर हमला करो और जीत तुम्हारी होगी।

परन्तु इस रणनीति को प्रयोग में लाने से पहले बहुत नियोजन की जरूरत थी, अगर दूसरा राजा ताकतवर सेना से घिरा हो, तो ऐसा करना और भी जरूरी हो जाता था।

उन्होंने तय किया कि चन्द्रगुप्त को कुछ कहने की बजाए उदाहरण से बात समझा देंगे। उन्होंने चन्द्रगुप्त को रात के भोजन पर बुलवाया और उसके लिए भात तैयार करवाया।

उस शाम, मेहमान की थाली में गर्म भात परोसा गया। एक छोटी प्रार्थना के बाद चन्द्रगुप्त भोजन करने लगा तो चाणक्य ने रोक कर कहा, "जरा ठहरो.. ।"

वे थाली की ओर संकेत कर बोले, "कल्पना करो कि यह लड़ाई का मैदान है, ये चावल के दाने शत्रु सेना है।"

चन्द्रगुप्त अपने गुरु को जानते थे, वे समझ गए कि अब वे एक पाठ पढ़ने जा रहे हैं।

चाणक्य बोले, " तुम्हारे हिसाब से शत्रु राजा कहाँ होगा?

"वह थाली के बीच में होगा।"

"क्यों?"

"ताकि उसे चारों ओर से सैनिकों की सुरक्षा मिल सके।"

"बहुत खूब, तो राजा को मार कर लड़ाई कैसे जीत सकते हैं?"

चन्द्रगुप्त को सारी रणनीतियों की जानकारी थी। बस उसे यह सीखना था कि उन्हें लागू कब करना है।

उसने कहा, "आचार्य ने कहा था कि नेता को हरा कर जंग जीती जा सकती है। मैं सीधा राजा पर हमला करके उसे हरा दूँगा। तब उसकी सेना भी हथियार डाल देगी और जल्द ही लड़ाई की बाजी हमारे हाथ होगी।"

चन्द्रगुप्त को अपनी रणनीति पर गर्व था पर चाणक्य उसे विस्मय से ताक रहे थे।

उन्होंने थाली की ओर संकेत किया, "अपनी रणनीति को अभ्यास में उतारो।"

चन्द्रगुप्त ने उसी समय राजा पर हमला करने के लिए अपना हाथ गर्म भात की थाली के बीच डाल दिया। अचानक उसकी अंगुली जली और उसने चिहुँक कर हाथ हटा लिया।

"ओह, यह तो बहुत गर्म है।"

चाणक्य बोले, "महाराज चन्द्रगुप्त आपको लगता है कि अपने राज्य में चारों ओर सैनिकों से घिरे सुरक्षित राजा पर धावा बोलना इतना सरल होगा?"

वह समझ गया कि सभी रणनीतियों को हमेशा लागू नहीं किया जा सकता।

आचार्य, "हमें ऐसे हालात में क्या करना चाहिए ?"

"सेना को किनारों से समाप्त करना आरम्भ करो। वह सीमाओं पर हमेशा अरक्षित और कमजोर होती है। पूरी तरह से सुरक्षित राज्य पर हमला करने की तुलना में, सीमा पर धावा बोलना कहीं सरल होगा।"

चन्द्रगुप्त ने हामी भरी। एक बार फिर उसने अपना हाथ भात की थाली में डाला पर इस बार वह आसानी से चावलों को छू सका क्योंकि वे किनारों से ठंडे हो चुके थे।

इस तरह वह धीरे–धीरे बीच तक आ गया। उसने देखा कि अब चावलों की भाप निकल गई थी और उन्हें आसानी से खाया जा सकता था।

कुछ ही क्षण में उसने सारी थाली खाली कर दी।

"आचार्य! यह तो अद्‌भुत है। मेरा हाथ भी नहीं जला और भरपेट भात भी खा लिया।"

"सच है पर यह जानना भी बहुत मायने रखता है कि व्यक्ति धीरे–धीरे किस दिशा में जा रहा है। अगर दिशा नहीं होगी तो जीत निश्चित नहीं होगी।"

चन्द्रगुप्त ने उन शब्दों पर गौर किया और चाणक्य प्रसन्न थे कि उनके छात्र ने सीख लिया था कि अपनी सोच पर काम करने से पहले परिस्थितियों पर भी ध्यान दे लेना चाहिए।

अन्तर्दृष्टि

- एक रणनीति के असफल होने का यह अर्थ नहीं कि आप हार मान लें। किसी दूसरी रणनीति के बारे मे सोचें जो आपको लक्ष्य तक ले जा सके।
- हमेशा अपने बल का प्रयोग नहीं करना चाहिए। चन्द्रगुप्त को लगा कि बीच में धावा बोल कर वह जीत जाएगा परन्तु अन्त में उसे ही मुँह की खानी पड़ी।
- अपने बड़ों की बात पर हमेशा ध्यान दो। वे उन हालात को देख सकते हैं जो आपको नहीं दिखते। चन्द्रगुप्त के पास चाणक्य नामक अध्यापक थे, जिन्होंने उन्हें सदैव जीत के लिए मार्गदर्शन दिया।

अध्याय आठ

आन्वीक्षिकी-सोच का विज्ञान

आचार्य नीति

मनुष्यों को प्रकृति की ओर से ऐसा उपहार मिला है जो दूसरी प्रजातियों को नहीं दिया गया – बुद्धिमता।

विभिन्न आयामों में सोचने की योग्यता के साथ वे अपने लिए निदान, विश्लेषण, तर्कसंगतता, नियोजन, भविष्यवाणी के साथ–साथ भविष्य को रचने की क्षमता भी रखते हैं।

चाणक्य अक्सर अपने छात्रों को सोच–विचार कर कार्य करने को कहते थे। अर्थशास्त्र में इसे आन्वीक्षिकी यानी सोच का विज्ञान कहा गया है। यह केवल शब्दों का खेल नहीं था, चाणक्य समय–समय पर यह भी देखते थे कि उनके छात्र इस विज्ञान को अभ्यास में भी उतार रहे थे या नहीं जो उन्हें बहुत प्रिय था।

आचार्य कथा

चन्द्रगुप्त की सेना सिकन्दर से लड़ने के लिए तैयार थी। उनके पास सैनिक, संसाधन, असला, बारुद आदि सब कुछ मौजूद था।

परन्तु चाणक्य अब भी यह सुनिश्चित कर लेना चाहते थे कि चन्द्रगुप्त ने युद्ध को सभी नजरियों से परख लिया है या नहीं। वे किसी भी चीज को आसानी से जाने नहीं देते थे। उनके सबसे होनहार छात्र को भी कड़ी परीक्षा देनी पड़ती थी। वे यह देखना चाहते थे कि चन्द्रगुप्त के पास तीन योजनाएँ तैयार थीं या नहीं, परन्तु वह तो अन्त तक के लिए सारी योजनाओं पर काम कर चुका था।

लड़ाई का समय पास आया तो आचार्य ने आदेश दिया, "मैं चाहता हूँ आज शाम तुम मुझे अपनी सारी तैयारी और रणनीतियों का परिचय दो।"

चन्द्रगुप्त को लगा कि लड़ाई के मैदान में जीतना नहीं, बल्कि आचार्य की परीक्षा में पास होना अधिक कठिन था। यदि उसकी तैयारी में कमी रही तो आचार्य नाराज होंगे। वह चाणक्य और उनके प्रश्नों को हल्के अर्थ में नहीं ले सकता था। उसे शाम तक अपने सारे उत्तर तैयार रखने थे। वह यह भी जानता था कि उस दिन परीक्षा में पास हुआ तो जीवन की हर परीक्षा में खरा उतर सकेगा। जब चन्द्रगुप्त जाने लगा तो आचार्य ने कहा, "शत्रु को स्वयं से कभी कम मत समझना।"

जब लड़ाई की तैयारी होने लगी तो चन्द्रगुप्त स्वयं हाथी, घोड़ों व रथों का निरीक्षण करने गया। वह विभाग प्रमुखों से मिला ताकि उनकी भोजन आपूर्ति, हथियारों और सुरक्षित वापसी योजनाओं पर चर्चा हो सके। इसके बाद वह कक्ष में गया और कुछ अनूठा किया।

उसने उस समय के दस्तावेज निकाले, जब वह आचार्य से पढ़ता था। गुरुकुल के दिनों के वे दस्तावेज आज भी संभाले हुए थे। वह आचार्य की सभी शिक्षाओं को दोहरा लेना चाहता था।

पहले पाठ में चाणक्य ने सबको आन्वीक्षिकी के बारे में बताया था। उनके अनुसार, यह सबसे महत्वपूर्ण पाठ था। चन्द्रगुप्त को याद था कि उन्होंने उस दिन क्या कहा था।

'आन्वीक्षिकी चिन्तन का विज्ञान है। यह सभी विज्ञानों से आगे है, यह एक मार्गदर्शक बल है जिसके आधार पर हम अपने सारे निर्णय लेते हैं।'

एक छात्र ने उनसे इसके महत्व के बारे में तो उन्होंने कहा, "इसका एक अर्थ दर्शन भी है। जीवन में सफल होने के लिए हमें दार्शनिकता और व्यावहारिक चिन्तन, इन दोनों का मेल चाहिए। आन्वीक्षिकी का अर्थ है कि आप तर्क और तर्कशक्ति के माध्यम से यह जान रहे हैं कि आध्यात्मिक तौर पर क्या अच्छा है या क्या बुरा, भौतिक लाभ और हानि, राजनीति में अच्छी या बुरी नीति आदि। जब भी मन में संघर्ष हो तो यह आपको उचित निर्णय लेने में मदद करती है। इस तरह आप अच्छे और बुरे, दोनों समय में बेहतर निर्णय ले सकते हैं और अपने विचार, वाणी और कर्म में साम्य रख सकते हैं।"

जब चन्द्रगुप्त छोटे थे तब वह इसका अर्थ इतनी अच्छी तरह नहीं समझे थे। पर अब वह समझ गए थे कि नियोजन करते हुए कई आयामों में जा कर सोचना पड़ता है।

शाम तक, वह आचार्य की ओर से पूछे जाने वाले किसी भी प्रश्न के लिए तैयार था। उसे देख चाणक्य बोले, "आशा करता हूँ कि तुमने आन्वीक्षिकी...।"

"जी आचार्य! मैंने सभी दिशाओं में चिन्तन किया है।" चन्द्रगुप्त ने दृढ़ किंतु विनम्र स्वर में कहा। वह अपने गुरु के सामने दम्भी नहीं दिखना चाहता था।

"उपकरणों व संसाधनों की बात करें, तो तुम्हारी तैयारी पूरी है पर मैं चाहता हूँ कि तुम लड़ाई के मैदान में से जाने से पहले मानसिक और आध्यात्मिक तौर पर भी पूरी तरह से तैयार हो जाओ। याद रखो कि अर्जुन कितना अच्छा योद्धा था परन्तु युद्ध से पूर्व उसका मन भी डोल गया था। किसी भी राजा के लिए आवश्यक है कि शत्रु पर आक्रमण करने से पूर्व वह नैतिक और आध्यात्मिक रूप से भी तैयार हो।"

तब उन्होंने चन्द्रगुप्त से पूछा, "युद्ध के मैदान में ऐसी कौन सी सबसे बड़ी बाधा है, जिसे पार कर विजय पाई जा सकती है?"

"आचार्य, इसे धर्म सन्कट कहते हैं। युद्ध में हमारे भावों के साथ ही यह नीतिपरक और नैतिक दुविधा पैदा होती है।"

"ठीक, आखिरी सवाल...। किसी भी योद्धा के लिए सबसे बड़ा युद्ध कौन सा है?"

"यह धर्म युद्ध है, समाज के मूल्यों को बनाए रखने के लिए किया गया युद्ध। यह धन या सत्ता के लिए नहीं बल्कि प्रजा के कल्याण के लिए लड़ा जाता है।" राजा ने उत्तर दिया।

चाणक्य सन्तुष्ट थे। उनके छात्र की सेना लड़ाई में जाने के लिए तैयार थी।

अन्तर्दृष्टि

- किसी भी हालात के यथासम्भव उपायों पर विचार कर लें। नियोजन की कमी असफलता की ओर ले जाती है। नैतिक, आध्यात्मिक और भावात्मक रूप से तैयारी ही विजय की कुँजी है।
- भौतिक लाभों के बारे में सोचने की बजाए नेता को लड़ाई के आध्यात्मिक और दार्शनिक परिणामों के बारे में भी सोचना चाहिए।
- स्वयं को भावों से परे रखें। भावों को अपने पर हावी न होने दें।

अध्याय नौ

राजा या राजा को बनाने वाला

आचार्य नीति

शक्ति क्या है?

यह दूसरों को वश में तथा प्रभावित करने की योग्यता है।

जीवन के हर पक्ष में, हम अनेक शक्तिशाली व्यक्तियों, नेताओं, व्यावसायिक नेताओं, सरकारी अधिकारियों, परिवार प्रमुख तथा संगठनों आदि को देखते हैं।

आचार्य कथा

चाणक्य ने न केवल शक्ति को समझा बल्कि उसे रचा। उन्होंने शक्ति के प्रयोग पर लिखा और कहा ताकि दूसरों का कल्याण हो सके।

उन्होंने शक्तिशाली राजाओं को प्रशिक्षण देने के बाद निर्देश दिए और उन्हें शक्ति के विभिन्न पहलुओं का ज्ञान दिया। उन्होंने सबको इस शक्ति के साथ आने वाले दायित्वों का ज्ञान भी दिया।

वे केवल एक अध्यापक थे।

चन्द्रगुप्त को मगध का सम्राट तथा संयुक्त भारत का सम्राट बनाने के बाद, चाणक्य ने सत्ता को अपने वश में कर लिया।

एक दिन, वे एक आम आदमी की तरह बाजार से जा रहे थे, वे अपने सादे कपड़ों में पहचाने नहीं जाते थे।

वे चाहते थे कि उन्हें लोगों के मतों व विचारों का पता मिल सके। वे उनकी बातचीत और विचार सुनना चाहते थे ताकि राज्य को और भी खुशहाल बनाया जा सके।

जब वे एक सब्जीवाले की दुकान के पास से निकले तो उसे ग्राहकों के साथ नीतियों पर बात करते सुना। लगता था कि वह अक्सर अपने ग्राहकों से ऐसी बातें करता था। उसने कहा कि धनानन्द के बाद से उनके काम में बढ़ोतरी हुई थी।

ग्राहक ने कहा, "जी, यह सच है। चन्द्रगुप्त एक न्यायी राजा हैं। मैं एक समझदार और न्यायी शासक के तौर पर उन्हें सराहता हूँ।"

दुकानदार बोला, " यह तो सच है। कर घटे हैं और सरकार की ओर से इतनी दखलंदाजी भी नहीं रही। हमारे काम में आसानी और सरलता हो गई है। काम करना अच्छा लगता है।" फिर उसने ग्राहक के पास खिसकते हुए कहा कि उसके लाभों में भी बढ़ोतरी हुई है। फिर वे दोनों हँसने लगे।

दुकानदार ने कहा कि अब वह अपने काम को भी और बढ़ा रहा था। कर भी कम देने पड़ रहे थे और बचत बढ़ रही थी। ग्राहक सयाना और पढ़ा–लिखा था। उसने दुकानदार से कहा, "क्या आप जानते हो कि सरकारी तो पहले से बढ़े हैं। इस साल उन्होंने आधे समय में ही 200 प्रतिशत कर वसूले हैं। ऐसे हालात में दोनों ही पक्षों को लाभ होता है। जब व्यवसाय फलता है तो देश भी प्रगति करता है।"

हमारे महाराज और उनकी नीतियों की जय हो। हमें अपने लिए ऐसे ही व्यक्ति की आवश्यकता थी।"

ग्राहक ने कहा, "महाराज तो अच्छे हैं परन्तु हमारे राज्य में सबसे शक्तिशाली व्यक्ति तो कोई और ही है।"

दुकानदार ने हैरानी से पूछा कि ऐसा व्यक्ति कौन हो सकता था।

"हाँ राजा को बनाने वाला, राजा का अध्यापक – महान चाणक्य, ।"

चाणक्य धीरे से सब्जियों के ढेर के पीछे हो गए ताकि वे लोग उन्हें देख न सकें।

दुकानदार इस बारे में विस्तार से जानना चाहता था। तब उस सयाने ग्राहक ने कहा, "राजा को बनाने वाला राजा से कहीं ताकतवर होता है। चाणक्य राजा के अध्यापक हैं और उन्होंने ही चन्द्रगुप्त को सिंहासन पर बिठाया है।"

ग्राहक चला गया, पर उसने दुकानदार को चिन्तन पर विवश कर दिया था। चाणक्य जानते थे कि दुकानदार सत्ता के बारे में तो बहुत नहीं जानता परन्तु वे उसे अध्यापक की महत्ता समझाना चाहते थे। कुछ ताजी सब्जियों की खरीद के बाद उन्होंने दुकानदार का पता पूछा और वहाँ से चल दिए।

अगले ही दिन, सब्जी वाले को राजा के रसोईघर से आदेश आया कि उसे सब्जियाँ भेजनी हैं। वह इतना रोमांचित हुआ कि स्वयं ही माल देने आ गया। उसे बताया गया कि कोई उसकी प्रतीक्षा में था।

जब उसे राजा के दरबार के साथ लगे, चाणक्य के कक्ष में ले जाया गया तो वह हैरान रह गया। दुकानदार महल के वैभव को देख चकित था। अचानक उसकी नजर चाणक्य पर गई, वही तो उसकी दुकान में आए थे।

"कल तुम्हारी सब्जियों के दाम ठीक थे और वे ताजी भी थीं इसलिए मैंने भन्डार प्रमुख से कहा कि वह तुमसे माल मँगवाए।"

"आदेश दिया...।" दुकानदार सोचने लगा, 'यह साधारण दिखने वाला इन्सान कौन हो सकता है जो राजा के कर्मचारियों को आदेश दे सकता है?'।

चाणक्य ने उसके मन की बात भांपते हुए कहा, "मैं तो राजा को भी आदेश दे सकता हूँ।'

"क्या वे आपके आदेशों का पालन करते हैं?" दुकानदार ने विस्मित भाव से पूछा

"वे ऐसा करते हैं क्योंकि उन्हें पता है कि मैं उनका और उनके देश का हितैषी हूँ।" दुकानदार ने जीवन में पहली बार असली सत्ता का परिचय पाया।

"पर आप हैं कौन?" वह जानना चाहता था।

"मैं उनका गुरु, चाणक्य हूँ।" चाणक्य बोले

दुकानदार जड़वत खड़ा रहा। कुछ क्षण बाद बोला, "क्या एक गुरु साधारण नहीं होता?"

"नहीं, क्योंकि वह साधारण को असाधारण में बदलने का हुनर रखता है।"

अन्तर्दृष्टि

- लोगों को अपने जैसे हालात में देख कर और उनकी राय ले कर भी इन्सान बहुत कुछ सीख सकता है।
- अध्यापक में छात्र को बदलने की क्षमता होती है। एक अध्यापक अपने ज्ञान को छात्र तक पहुँचा कर उसे शक्तिशाली बना सकता है।
- ताकत किसी व्यक्ति के पद में नहीं होती। एक सच्चा ताकतवर इन्सान सत्ता को पद तक लाता है।

अध्याय दस

धनानन्द का दण्ड

आचार्य नीति

जब सत्ता पलटती है तो राजा भी रन्क हो सकता है। इसी तरह, यदि भाग्य साथ दे तो एक सेवक भी स्वामी बन सकता है।

एक शक्तिशाली व्यक्ति कोई भी चमत्कार कर सकता है। जब सारा संसार उसके पीछे हो तो वह अपनी शक्ति का दुरुपयोग कर सकता है या अपनी प्रजा की भलाई के लिए उसका सदुपयोग भी कर सकता है। वह जो भी चुनाव करता है, उसी से तय होता है कि वह सही मायनों में क्या है।

आचार्य कथा

अब सारी शक्ति चन्द्रगुप्त और चाणक्य के हाथों में थी। जब चन्द्रगुप्त ने सिंहासन संभाला तो चाणक्य उसे आदेश देने लगे। उन्होंने उसे धनानन्द को बुलवाने को कहा।

सभी जानते थे कि भूतपूर्व राजा के लिए चाणक्य के मन में कितना रोष था। वे, यह भी जानते थे कि चाणक्य शत्रु के समूल नाश में विश्वास रखते थे, वे नहीं चाहते थे कि वह कभी भी पलट कर वार करे। अब धनानन्द को चाणक्य के सम्मुख बुलवाया गया था, इसका अर्थ था कि उसकी मृत्यु तय थी।

चाणक्य ने मगध नरेश के तौर पर धनानन्द को उसके कर्तव्यों का एहसास दिलाना चाहा पर राजा धनानन्द ने मन्त्रियों की एक नहीं सुनी और प्रजा के प्रति अपने कर्तव्य को निभाने में असफल रहा।

चाणक्य के पिता चणक, धनानन्द के दरबार में मन्त्री थे। उन्होंने सबके

बीच, स्पष्ट शब्दों में राजा की नीतियों का विरोध किया और उन्हें मृत्युदण्ड दिया गया। चाणक्य को अल्पायु में ही पिता से वियोग का दुख सहन करना पड़ा, जो उनके लिए किसी आदर्श से कम नहीं थे। उन्हें अपने प्राणों की रक्षा के लिए मगध को छोड़ना पड़ा। तक्षशिला विश्वविद्यालय में पढ़ने और पढ़ाने के बाद चाणक्य वापिस आए तो पाया कि तब भी वहाँ बहुत कुछ नहीं बदला था।

चाणक्य ने धनानन्द को विवेक प्रदान करने का बहुत प्रयत्न किया पर कोई लाभ नहीं हुआ। जब सिकन्दर ने भारत पर हमला किया तो चाणक्य को धनानन्द से पूछना पड़ा कि क्या वह उनकी मदद करना चाहेगा पर उसने साफ मना करते हुए उनका उपहास किया।

पर अब सत्ता के हाथ बदल चुके थे। अब साधारण अध्यापक के सामने वह महान शक्तिशाली राजा अपने घुटनों के बल झुका हुआ था।

धनानन्द बुलावा पा कर घबरा गया। बस वह यही प्रार्थना कर सकता था कि उसे तड़पाने वाली मौत न मिले। जब सैनिक उसे दरबार में लाए तो उसकी आँखों में भय झलक रहा था, जबकि चाणक्य के चेहरे पर मुस्कान थी।

तो प्रिय मगध सम्राट... अपनी अन्तिम इच्छा बताओ।"

उनकी कड़क रोबदार आवाज उसी दरबार में गूँज उठी जिसमें धनानन्द सबका मजाक उड़ाता था। अब उसके पास चुप्पी के सिवा कोई जवाब नहीं था।

सबकी नजरें चाणक्य पर लगी थीं और वे दिल थामे उसी ओर देख रहे थे। चाणक्य ने सेनापति को आदेश दिया, "मैं चाहता हूँ कि धनानन्द को वन में ध्यान–मनन के लिए भेज दिया जाए। इसे कोई हानि न हो। जब यह जाने को तैयार हो तो इसके साथ पूरे सम्मान के साथ पेश आओ।"

यह सुनते ही सबके माथे पर बल पड़ गए। यह क्या–मृत्यु दण्ड नहीं?

चाणक्य ने उत्तर दिया, "धनानन्द, एक राजा था। उसने सबके कहने के बावजूद अपने कर्तव्यों का पालन नहीं किया। और अब भले ही वह हार गया है... पर फिर भी।"

उनके आगे के शब्द बहुत गहरे थे।

"एक राजा के साथ वैसे ही पेश आना चाहिए जैसे राजा के साथ आते हैं ...यही राजधर्म है।"

धनानन्द प्रसन्न था कि चाणक्य ने उसके प्राण बख्श दिए। अब वह यही चाहता था कि बस उन मन्त्रियों व सैनिकों की नजरों से दूर हो जाए जिन पर कभी उसने हुकुम चलाया था।

जब उसे दरबार से बाहर ले जाया गया, तो एक वरिष्ठ मन्त्री ने कहा, "क्या आपको पूरा यकीन है कि वह वन में ध्यान और मनन का जीवन ही बिताएगा? आप उस यकीन कैसे कर सकते हैं? आप तो जानते हैं, `वह आप पर हमला करने की योजना बना सकता है?"

परन्तु चाणक्य मुस्कुरा कर बोले, "क्या तुम्हें लगता है कि मैं उस पर पूरा भरोसा करता हूँ?। हालाँकि मैंने उसे छोड़ दिया पर मेरे दो गुप्तचर सदा उसके पीछे रहेंगे; उसे कुछ पता नहीं चलेगा। अगर उसने होशियारी दिखाई तो मौत उसके ठीक सामने होगी।"

और फिर वे बोले, "एक शक्तिहीन व्यक्ति पर शक्ति प्रयोग करने से क्या लाभ? यह तो अपनी ही सत्ता का अपमान हुआ, न?"

अन्तर्दृष्टि

- भले किसी ने आपको निजी तौर पर हानि क्यों न दी हो, न्याय करते समय निष्पक्ष रहें। ज्ञानी जन यही करते हैं। धनानन्द के अनेक अत्याचारों के बावजूद चाणक्य निष्पक्ष भाव से उसका निर्णय करने में सक्षम रहे।
- सही मायनों में प्रभावशाली लोग सत्ता के प्रभाव को समझते हैं। वे जानते हैं कि उन्हें धर्म के पथ पर चलने के लिए क्या करना होगा।
- सत्ता में रहने वाला अध्यापक कुछ चीजों को अलग तरह से देख सकता है। चाणक्य अपने इस निर्णय का प्रभाव देख सके। उन्होंने धनानन्द और आसपास के लोगों पर भी इसका असर देखा।

भाग 1 : पहली दस कहानियाँ

अध्यापक चाणक्य

भाग 2 : अगली दस कहानियाँ

मार्गदर्शक चाणक्य

भाग 3 : अन्तिम दस कहानियाँ

चाणक्य की महानता

अध्याय एक

शिक्षा का अधिकार

आचार्य नीति

किसी भी समाज का विकास इसके शिक्षा तन्त्र और नीतियों पर आधारित होता है जो इसकी भावी पीढ़ियों को रूप दे सकता है। यह उन व्यक्तियों और परिवारों पर भी निर्भर करता है, जो स्वयं को और अपने बच्चों को शिक्षित करने में विश्वास रखते हैं।

चाणक्य महान अध्यापकों में से थे, जिन्होंने अपने समय में शिक्षा के अनेक मानदण्ड तोड़े। उन्होंने अपने छात्रों के लिए विविध नेतृत्व सम्बन्धी पाठ्यक्रम चलाए और यह भी ध्यान दिया कि समाज के सभी वर्गों को शिक्षा का अधिकार मिले।

चन्द्रगुप्त का उदाहरण भी सबसे लोकप्रिय है जो स्वयं समाज के निम्न वर्ग से था, परन्तु उसे इतनी शिक्षा प्रदान की गई कि वह एक दिन राजा बना।

आचार्य कथा

जब धनानन्द को वन में भेज दिया गया तो इसके बाद चाणक्य ने दूसरे व्यक्ति को बुलवाया।

"चन्द्रगुप्त के मामा को बुलवाओ।" उन्होंने आदेश दिया।

चन्द्रगुप्त कई वर्षों से अपने परिवार से दूर रहा था। उन्हें यह सुन कर प्रसन्नता हुई कि आचार्य उनके मामा को बुलवा रहे थे। चाणक्य समझ गए कि चन्द्रगुप्त क्या अपेक्षा कर रहे थे इसलिए उनकी माता को भी बुलवाया गया।

राजा की प्रसन्नता का ठिकाना न रहा। उन्हें अपनी माता से मिले कितना समय हो गया था। बेशक वह भी अपने पुत्र को मगध सम्राट के रूप में देख कर कितनी प्रसन्न होगी।

जब वे दोनों दरबार में आए, तो चन्द्रगुप्त अपने मामा और बूढ़ी माता को देख भावों को वश में न रख सके। वह भाग कर माता के पैरों में गिर गए।

माता ने अपने पुत्र को गले से लगा लिया। दोनों की आँखें नम थीं। वह अपने बेटे को महान सम्राट के रूप में देख कर विस्मित हो उठी। उसे अपने भाग्य पर यकीन नहीं आ रहा था।

"तुम गुरुकुल में अच्छी तरह तो रहे, न? तुम्हें कभी कोई परेशानी तो नहीं हुई?" उनके मस्तिष्क में ऐसे हजारों सवाल चक्कर काट रहे थे पर वे चुप रहीं क्योंकि वे यह नहीं भूली थीं कि वे राजा के दरबार में खड़ी थीं।

जब भावों का ज्वार थमा तो चन्द्रगुप्त ने मामा के चरण स्पर्श किए। इस दौरान चाणक्य ने उसकी माता से कहा, "माता! चन्द्रगुप्त जैसी होनहार सन्तान देने के लिए आभार। यदि आपके पुत्र का सहयोग न होता तो मैं अपने सपनों का देश कभी न बना पाता। यह एक होनहार छात्र था जो मेरी सारी अपेक्षाओं पर खरा उतरा। आपके विश्वास के बल पर ही मैंने इसे शिक्षण दिया, प्रशिक्षित किया और आज यह सम्राट के रूप में आपके सामने है।"

परन्तु चन्द्रगुप्त की माता ने कहा, "आचार्य! आपने इसकी प्रतिभा को पहचाना, तभी तो आज हम इस दरबार में हैं। हीरे की परख जौहरी ही कर सकता है, आपने ही इसे निखारा है।"

इसी बातचीत के दौरान चन्द्रगुप्त के मामा ज्यों ही पास पड़े आसन पर बैठने लगे तो चाणक्य बोले, "तुम्हें बैठने की अनुमति नहीं दी गई।" सभी यह सुन कर सकते में आ गए पर चाणक्य के आगे कोई कुछ न कह सका।

"तुमने ठीक सुना। तुम यहाँ नहीं बैठ सकते।"

इसके बाद उन्होंने सैनिकों से कहा, "इसे ले जा कर सूली पर लटका दो। इसकी मौत ऐसी होनी चाहिए कि सारी प्रजा को सबक मिल सके।"

सभी सोचने लगे कि चाणक्य को क्या हो गया। एक ओर तो वे उन्हें अपमानित करने वाले धनानन्द को माफ कर चुके थे और अब राजा के मामा को सूली पर चढ़ाने का हुक्म सुना दिया था।

"आचार्य! वे मेरे मामा हैं। उनका अपराध क्या है? अगर उन्होंने कोई भूल की हो तो उन्हें क्षमा करें। वे मेरी माता के भाई हैं।" चन्द्रगुप्त ने प्रार्थना कीए "इस व्यक्ति को क्षमा, कभी नहीं।" चाणक्य अपनी बात पर अटल थे।

उन्होंने कहा, "इसका अपराध था कि इसने एक बालक को शिक्षा पाने के हक से वंचित करना चाहा। मेरे लिए इससे बड़ा पाप कोई नहीं है।"

केवल चन्द्रगुप्त की माता ही इस बात को समझ सकती थी।

चाणक्य ने याद करते हुए कहा, "चन्द्रगुप्त! तुम बहुत छोटे थे। जब तुम्हें चुना गया तो तुम्हारी माता ने सहयोग दिया परन्तु उसे तुम्हारे मामा से अनुमति लेनी थी... और इस आदमी ने...।"

एक बार फिर चाणक्य के मुख पर रोष झलक उठा, "इसने साफ मना कर दिया।" इसने कहा, "अगर मेरे भांजे को ले जाना चाहते हो तो मेरी आर्थिक हानि पूरी करनी होगी। उसके बाद ही इसे ले जा सकते हो।"

चाणक्य प्रायः भावों का प्रदर्शन नहीं करते थे पर आज बात कुछ अलग थी। उन्होंने कहा,"मुझे तुम्हें खरीदने के लिए अपनी सारी पुस्तकें और बेशकीमती ग्रंथ बेचने पड़े। अध्यापक होने के नाते वे मेरे लिए अनमोल थे। मुझे तुम्हारी शिक्षा खरीदने के लिए अपनी शिक्षा बेचनी पड़ी।

यह सजा मिलने से सभी लोगों को सबक मिलेगा कि हर बच्चे को पूरी तरह से निःशुल्क शिक्षा दी जानी चाहिए और इस नियम को न मानने वाला मेरा सबसे बड़ा शत्रु होगा और उसे छोड़ा नहीं जाएगा।"

चन्द्रगुप्त को देखते हुए उन्होंने कहा, "भले ही वह राजा का सम्बन्धी ही क्यों न हो!"

अन्तर्दृष्टि

- शिक्षा का अधिकार बहुत महत्व रखता है। चाणक्य जानते थे कि समाज में शिक्षा का समान अधिकार न दिया गया तो किस सन्कट का सामना करना पड़ सकता था।
- किसी व्यक्ति को दिया गया दण्ड केवल एक व्यक्ति के लिए नहीं होता, इससे दूसरे लोगों को शिक्षा मिलती है कि क्या सहन किया जाएगा और क्या नहीं किया जाएगा।
- भाव आपके न्याय पर असर न डालें। न्याय को स्पष्ट, तार्किक और चिन्तन से भरपूर होना चाहिए। जब न्याय हो जाए तो उसे लागू करने में देर नहीं करनी चाहिए।

अध्याय दो

प्रेम और युद्ध

आचार्य नीति

मनुष्य का इतिहास रक्तरंजित युद्धों के इतिहास से भरा हुआ है, वे कैसे लड़े गए और उनके दौरान क्या प्रसंग घटे, ये सब विवरण मिलते हैं।

कहते हैं कि एक युद्ध का अन्त, दूसरे युद्ध का आरम्भ होता है और यह सिलसिला निरन्तर चलता रहता है। परन्तु रणनीतिज्ञ चाणक्य युद्ध को अन्तिम रूप देना जानते थे।

आचार्य कथा

चाणक्य के अनुसार किसी भी युद्ध को निपटाने का सबसे सरल और आसान तरीका था कि वे एक साथ भोजन करें। भोजन एक बुनियादी आवश्यकता है। विभिन्न संस्कृतियों की भोजन की आदतें अलग होती हैं। किसी को भोजन पर बुलाना या किसी के भोजन के निमंत्रण पर जाना सम्मान का प्रतीक माना जाता है।

किसी भी बड़ी से बड़ी शत्रुता को भोजन के दौरान दूर किया जा सकता है। जब भोजन के दौरान चर्चा होती है, तो सारा वातावरण सहज और आरामदेह हो जाता है। भोजन का स्वाद, गंध और परोसने वाले का भाव आदि भी बहुत मायने रखता है। अक्सर व्यावसायिक अनुबंध, समझौते व संधियों आदि पर भोजन के दौरान हस्ताक्षर होते हैं जहाँ भोजन प्रेरक का काम करता है।

चाणक्य की दूसरी नीति थी कि आपस में विवाह सम्बन्ध स्थापित हों। उन्होंने चन्द्रगुप्त पर यह नीति लागू की थी। अधिकतर इतिहासकारों का यह भी कहना है कि एक अन्त तक आने के लिए ही चन्द्रगुप्त को राजा बनाया

गया था। सिकन्दर की हारी हुई सेना वापिस जा रही थी पर जीते हुए इलाकों को संभालने के लिए कुछ सेनापतियों को यहीं रहना था। उनमें से एक नाम सेल्यूकस का भी था। सेल्यूकस एक बहुत अच्छा नेता था। उसके और उसकी सेना के पास सिकन्दर के सपने को पूरा करने की क्षमता थी।

चाणक्य को इसका पता था। वे जानते थे कि अगर सेल्यूकस को अवसर मिला तो वह देश के लिए घातक हो सकता था। उन्होंने एक योजना बनाई और उसे सही समय पर चन्द्रगुप्त के आगे रखा। वे बोले, "कई बार प्रजा के कल्याण के लिए रणनीति से जुड़े निर्णय लेना जरूरी हो जाता है।"

चन्द्रगुप्त को कुछ समझ नहीं आया। चाणक्य बोले, "और कई बार योजना बनाते हुए, हमें भी योजना का अंग बनना होता है।"

"जी आचार्य। पर मैं आपकी बात का अर्थ नहीं समझा।"

चाणक्य बोले, "मैं चाहता हूँ कि तुम विवाह कर लो।"

विवाह करने के आदेश को सुन कर चन्द्रगुप्त चकरा गए। क्या यह किसी योजना का अंग था।

चाणक्य बोले, "मैंने तुम्हारे लिए बहुत अच्छा रिश्ता देखा है। तुम सेल्यूकस की पुत्री से विवाह कर लो।"

"आप क्या कह रहे हैं ? शत्रु की पुत्री ?" चन्द्रगुप्त भूल गए थे कि वे किसके सामने खड़े था।

"उसका नाम हेलेन है। तुम उससे विवाह करने जा रहे हो।"

"आचार्य! मुझे उससे विवाह क्यों करना होगा? हम उसे अपनी गुलाम भी तो बना सकते हैं।" चन्द्रगुप्त को लगा कि वह अपने तर्क से आचार्य को प्रभावित कर सकते हैं।

चाणक्य मुस्कुरा कर बोले, "यही कारण है कि अभी तुम्हें बहुत कुछ सीखना बाकी है।"

चन्द्रगुप्त ने अपना सिर झुकाया और आगे की बात सुनने के लिए प्रतीक्षा करने लगा।

"वह एक राजकुमारी है और रानी बनने के उपयुक्त है। तुम उसे गुलाम बना कर, उसकी हैसियत कम करना चाहते हो। याद रखो, अपने

शत्रु के प्रति भी सम्मान का भाव होना चाहिए।"

चन्द्रगुप्त को हैरानी हो रही थी कि आचार्य ने कैसा आदेश दे दिया। इस तरह तो शत्रु उसे उसके सोने के कमरे में घुस कर मार सकता था। उसकी पीठ पर वार कर सकता था। उसके सारे राज़ चुरा सकता था।

पर वह उनके सामने कुछ नहीं कह सके।

"जी आचार्य! मैं तैयार हूँ।"

"देश की यही माँग है। राजा का विवाह किससे होगा इसका प्रभाव हमारी भावी पीढ़ियों तक जाता है। इससे हमारे और सिकन्दर, दोनों के देशों को लाभ होगा।"

चन्द्रगुप्त हेलेन को देख मोहित हो गए। चाणक्य ने दोनों की आँखों में प्रशंसा के भाव देखे तो अपने शिष्य को बताया कि वह युवती सुन्दरी होने के साथ–साथ बुद्धिमती भी थी।

इस राजनीतिक विवाह को सबने प्रसन्नतापूर्वक स्वीकारा।

वे जानते थे कि भारतीय संस्कृति में महिलाओं को पूरा सम्मान दिया जाता है और हेलेन को कोई भय नहीं था। यह विवाह एक सफल राजनीतिक विवाह रहा। जिससे भावी पीढ़ियों को भी लाभ हुआ। यवन और भारतीयों के सम्बन्ध मधुर हुए। वह युग भारतीय इतिहास में स्वर्ण युग रहा और उसे लाने में चाणक्य उल्लेखनीय रहे। दरअसल, सभी को अपने लिए एक सुखद अन्त मिला।

अन्तर्दृष्टि

- विवाह किसी व्यक्ति या परिवार के लिए अहम निर्णय होता है। यह केवल दो व्यक्तियों नहीं बल्कि दो संस्कृतियों का मिलन भी है।
- स्त्री और उसकी बुद्धिमता का आदर करो। यह दीर्घकालीन रूप से तुम्हारे लिए भी लाभकारी होगा।
- सुरक्षित खेल की इच्छा रखना ही सबसे बड़ा खतरा है। चाणक्य ने हेलेन को परिवार में स्थायी तौर पर लाने के लिए चन्द्रगुप्त की भलाई को दाँव पर लगा दिया, परन्तु वही खतरा लाभ में बदल गया।

अध्याय तीन

बौद्धिक क्षमता से जुड़े खेल

आचार्य नीति

हम जो भी देखते हैं, वह इसी मन की देन है। इस संसार में सब कुछ दो बार रचा जाता है – एक बार मन में और एक बार अपने भौतिक रूप में। यह दोहरी रचना मनुष्य की सम्पत्ति है। यह हमें हमारे हर काम में रचनात्मक और आविष्कारशील होने में सहायक होती है।

परन्तु हमारे मन की आजादी ही रचनात्मकता नहीं है। कई बार, नियमों और कानूनों की सीमा के बीच भी रचनात्मकता सामने आती हे। एक बार जब व्यक्ति को रचनात्मकता और सीमाओं के बीच संतुलन बनाना आ जाता है, तो वह असीम सफलता अर्जित कर सकता है।

इसी बात को ध्यान में रखते हुए, चाणक्य ने राजा के लिए नियम बनाए परन्तु उसे रणनीति सम्बन्धी रचनात्मकता भी प्रदान की।

आचार्य कथा

चाणक्य गुरुकुल में अपने छात्रों से अक्सर कहते, "जब भी समय मिले, खेला करो।"

पर अब पढ़ाई पूरी हो चुकी थी। सम्राट चन्द्रगुप्त के हाथ में इतना बड़ा साम्राज्य था। उसके पास खेलने का समय कैसे आ सकता था।

चाणक्य ने नए सम्राट से कहा, "हमारे पास हमेशा कोई न कोई विकल्प होता है। खेल से मानसिक और शारीरिक क्षमता बढ़ती है। रोजमर्रा के कामों के लिए शारीरिक क्षमता चाहिए पर तुम्हें मानसिक क्षमता बढ़ाने वाले खेल भी खेलने चाहिए।"

"हम दिमागी ताकत कैसे बढ़ा सकते हैं?"

चाणक्य मुस्कुरा कर बोले, "मैंने तुम्हारे लिए एक खेल तैयार किया है। यह एक युद्ध खेल है जिसे चतुरंग कहते हैं। दोनों खिलाड़ियों को संसाधनों के तौर पर एक जैसी शक्तियाँ दी जाएँगी।"

चाणक्य ने खेल का सामान मँगवाया और सारे मोहरे सजाने के बाद वे बोले, "सेना में चार प्रमुख हिस्से होते हैं – रथ पर सवार लोग, घुड़सवार, हाथी पर सवार लोग और पैदल सेना। इसलिए इसे चतुरंग यानी सेना के चार अंगों का नाम दिया गया है।" उन्होंने वे मोहरे सजा दिए जो किसी भी सेना के लिए बहुत महत्व रखते हैं।

"दोनों ओर रथों, अश्वों, हाथियों व पैदल सवारों की संख्या बराबर होगी; कोई पक्षपात नहीं किया जाएगा।"

चन्द्रगुप्त के लिए यह नया खेल था।

"आचार्य! यदि दोनों ओर की सेना बराबर है तो जीत किसकी होगी?"

"यह तो निर्भर करेगा..।"

"किस बात पर निर्भर करेगा?" चन्द्रगुप्त ने जानना चाहा।

"कौन सी सेना उन्हीं संसाधनों के साथ बेहतर रणनीतियाँ लागू करेगी।"

एक क्षण की चुप्पी के बाद, युद्धकला में निपुण विशेषज्ञ ने कहा, "अगर हम अपने जीवन का उदाहरण लें तो ईश्वर ने हमें एक समान देह और बुद्धि दे कर न्याय किया है परन्तु फिर भी कुछ लोग सफल होते हैं और कुछ सफल नहीं होते, ऐसा क्यों? उत्तर इसी बात पर निर्भर करता है कि आप ईश्वर की ओर से मिले उपहारों का कैसे उपयोग करते हैं। यह बात मायने रखती है कि हम उनका प्रयोग करते हैं, प्रयोग नहीं करते या उनका गलत प्रयोग करते हैं।"

दार्शनिक ने आगे कहा, "हमें जो भी मिला, वह ईश्वर का उपहार है। हम उस उपहार का क्या करते हैं, वह हमारी ओर से ईश्वर के लिए उपहार होगा।"

फिर वे खेल के नियमों की जानकारी देते हुए बोले, "खेल में एक बार में एक ही बाजी चली जाएगी।"

"अगर मैं एक से अधिक बाजी चलना चाहूँ तो।"

"उसकी अनुमति नहीं मिलेगी।" उत्तर आया।

"खेल समाप्त कर हार–जीत तय करना अहम नहीं है। हमें हर बाजी को अपने सामने बैठे इन्सान के नजरिए से देखना है। समझ गए?"

तब चन्द्रगुप्त ने कहा, "इस खेल के अनुसार संभावनाओं की असीम संख्या के साथ परिवर्तन और मेल को जानना होगा।"

चाणक्य दमके। उन्होंने इस खेल को बहुत मेहनत से बनाया था और देख कर लग रहा था कि इसका नतीजा सामने आने वाला था। वे बोले, "यह खेल सोच, सोच और बस सोच से ही जुड़ा है।"

इसके बाद वे खेल के अन्य नियम सिखाने लगे कि हार और जीत कैसे तय होगी। जब वे नियम बताने लगे तो चन्द्रगुप्त व्याकुल हो उठे। उन्होंने कहा, "किसी की जीत कैसे तय होगी, दूसरे पक्ष के राजा को मारने के बाद?"

चाणक्य खिलखिला दिए, "यही तो इस खेल की सुन्दरता है। तुम दुश्मन के राजा को छोड़ कर बाकी सबको मार सकते हो। वह कभी नहीं मरना चाहिए, उसे हरा सकते हैं पर मार नहीं सकते।"

"क्यों? चन्द्रगुप्त हैरान था। चाणक्य जान गए कि उनके छात्र को खेल को समझने के लिए पहले उन्हें खेलना होगा। उन्होंने प्रत्यक्ष उत्तर देने की बजाए कहा, "मेरे प्रिय राजा! नियम, खेल के नियम।"

उन्होंने चन्द्रगुप्त को युद्ध कला से जुड़े खेल के साथ अकेला छोड़ दिया। परन्तु जाने से पूर्व निर्देश दिया, "याद रखना, यह एक खेल भर है। जब असली युद्ध आरम्भ हो तो खेलना बंद कर, मैदान पर धावा बोल देना।"

चन्द्रगुप्त ने हैरानी से देखा। चाणक्य मुस्कुरा कर बोले, "यह एक मानसिक खेल है। इसे इसलिए ही रचा है कि युद्ध के मैदान में तुम पूरी रचनात्मकता का प्रयोग कर सको।"

चतुरंग–यह खेल आगे चल कर शतरंज या चैस के नाम से जाना गया। दुनिया की सबसे पहली वार–गेम, भारत में ही बनाई गई थी। पूरी दुनिया को हमने रणनीतिपरक और रचनात्मक चिन्तन के लिए अपना योगदान दिया है। यही वजह है कि हम चाणक्य को, 'सभी रणनीतियों का जनक' कह कर पुकारते हैं।

अन्तर्दृष्टि

- सभी चीजें दो बार में बनती हैं – एक बार कल्पना लोक में और दूसरी बार वास्तविक जगत में एक भौतिक यथार्थ के तौर पर।
- खेलों से आप रचनात्मकता, रणनीति, कल्पना, योजना को लागू करना आदि कई बातें सीख सकते हैं। ये आपको भौतिक और मानसिक तौर पर चुस्त बनाए रखते हैं।
- भले ही दोनों प्रतियोगियों के पास आरम्भ में एक समान संसाधन, व्यक्ति, शस्त्र व साधन हों परन्तु जीत उसकी ही होती है जिसके पास रचनात्मक रणनीतियाँ होती हैं।

अध्याय चार

दो दीपक

आचार्य नीति

भ्रष्टाचार का सत्ता से गहरा नाता है। यह कई रूपों में हो सकता है परन्तु वित्तीय भ्रष्टाचार सबसे पहले है। इसके अलावा अपने परिवार के लिए सत्ता का दुरुपयोग हो सकता है या फिर शक्तिशाली लोगों का अनुचित लाभ लिया जा सकता है।

नैतिक भ्रष्टाचार के लिए क्या कहा जा सकता है? अगर नैतिकता और सदाचार से रहित व्यक्ति सत्ता में हो तो वह समाज के लिए सन्कट बन जाता है। परन्तु सत्ता में सदाचार रहित व्यक्ति अपने आसपास के लोगों के लिए चमत्कार कर सकता है। केवल एक सच्चा आध्यात्मिक व्यक्ति ही सही मायनों में भ्रष्ट आचरण से परे हो सकता है क्योंकि वह अनासक्त रहता है और अपने निजी स्वार्थ के लिए सत्ता का प्रयोग नहीं करता।

चाणक्य ऐसे ही व्यक्ति थे। वे सत्ता में रह कर भी, उससे अछूते रहे। वे अपनी रणनीतियों के बल पर, अपने से कहीं अधिक शक्तिशाली लोगों को अपनी अंगुलियों पर नचा सकते थे। यदि वे इतने ईमानदार न होते तो ऐसा सम्भव न होता।

आचार्य कथा

एक धनी व्यापारी चाणक्य से भेंट करना चाहता था। चाणक्य की लगाई कर नीतियों ने उसे बहुत प्रभावित किया था। वह निजी रूप से आभार प्रकट करना चाहता था। चाणक्य सभी से प्रेमपूर्वक भेंट करते थे।

जब वह मिलने गया तो पता चला कि चाणक्य किसी सरकारी परियोजना को पूरा करने में जुटे थे। वे अन्तर्राष्ट्रीय सम्बन्धों की नीति पर काम कर रहे

थे। यह मण्डल सिद्धांत देश के लिए बहुत बड़ा परिवर्तन लाने वाली थी।

व्यापारी से कहा गया कि वह शाम के समय मिलने आए। सुबह का समय बहुत व्यस्ततापूर्ण चल रहा था।

व्यापारी शाम को चाणक्य के पास पहुँचा तो उनकी कुटिया की सादगी देख कर दंग रह गया। यह व्यक्ति भारत को संसार का सबसे धनी देश बनाने जा रहा था और स्वयं कैसा सादगीपूर्ण जीवन जीता था। व्यापारी मन ही मन नतमस्तक हो उठा।

उसने सोचा कि यदि उसने जा कर अपने धनी मित्रों को चाणक्य के आवास की जानकारी दी तो सम्भवतः वे लोग विश्वास ही नहीं करेंगे।

जब व्यापारी भीतर गया तो अंधकार घिर आया था। चाणक्य कोने में बैठे कुछ आवश्यक दस्तावेजों पर काम कर रहे थे। वे बोले, "महानुभव! आप स्थान ग्रहण करें। मैं अपना काम निपटा कर आपसे बेहतर तरीके से बात कर सकूँगा।"

व्यापारी उनके विनम्र स्वभाव को देख दंग रह गया। वह ऐसी महान हस्ती के समीप बैठ कर बहुत प्रसन्न था। चाणक्य को पूरी एकाग्रता के साथ काम करते देखना भी अपने–आप में किसी बड़े अनुभव से कम नहीं था। मानो वे ध्यान में खोए हुए थे।

अचानक चाणक्य का स्वर सुनाई दिया, "मेरा काम समाप्त हुआ। कोषाध्यक्ष को जो बही–खाते दिखाए गए थे, उनमें बहुत जालसाजी की गई थी। कल इस व्यक्ति को दरबार में बुलाना होगा। आप एक क्षण ठहरें..." चाणक्य ने आग्रह किया।

वे तेल के दीपक की रोशनी में काम कर रहे थे। उन्होंने उसे उठा कर, दूसरा दीपक जलाया और फिर पहले दीपक को बुझा दिया। दोनों दीपकों का आकार और प्रकाश एक सा था। व्यापारी को कुछ समझ नहीं आया।

चाणक्य बोले, "मुझे व्यापारी और धनिक वर्ग बहुत पसन्द नहीं। इनमें से अधिकतर लोग अपने भ्रष्ट आचरण की वजह से भ्रष्ट सरकारी कर्मचारियों को बढ़ावा देते हैं।" यह सुन कर व्यापारी चौंक गया। तब चाणक्य मुस्कुरा दिए, "अरे घबराओ मत, मुझे पता है कि तुम इस श्रेणी में नहीं आते।

बहुत से व्यापारी मुझे प्रभावित करने के लिए भेंट करने की चेष्टा करते हैं परन्तु मैं उन्हें मिलने का समय नहीं देता। यह देखो सूची–इसमें भ्रष्ट और अच्छे व्यापारियों के नाम हैं। देखो, तुम्हारा नाम किस सूची में शामिल है। तुम प्रतिवर्ष सारा कर भी नियम से अदा करते हो।"

व्यापारी को जीवन में पहली बार महसूस हुआ कि उसकी ईमानदारी व्यर्थ नहीं गई। उसने कहा, "श्रीमान! आपकी प्रशंसा के लिए आभार। मैं आपके लिए दो प्रस्ताव लाया हूँ। मैं चाहता हूँ आप मुझे स्वस्थ, कानून की हदों में किए जाने वाले लाभदायक व्यापार के लिए सुझाव दें और मेरी पुत्री के विवाह समारोह का हिस्सा बनें।"

"मैं दोनों प्रस्ताव स्वीकार करता हूँ।" चाणक्य बोले। उन दोनों के बीच आर्थिक मामलों पर व नीतियों पर विचार–विमर्श हुआ। जब व्यापारी विदा लेने लगा तो उसने कहा, "आचार्य! आपने मुझसे भेंट करने से पूर्व तेल का दूसरा दीपक क्यों जलाया?"

"पहले दीपक का तेल सरकारी खाते से आता है जिसे केवल प्रशासनिक कार्यों के लिए ही प्रयुक्त किया जाता है। दूसरा दीपक मेरा निजी है, जिसे मैं अपने लिए प्रयुक्त करता हूँ। मैं इन दोनों खातों को अलग रखता हूँ।"

व्यापारी मन ही मन सोच रहा था कि ऐसा आदरणीय व्यक्ति वास्तव में बेजोड़ है। इसकी कोई मिसाल नहीं है।

अन्तर्दृष्टि

- भ्रष्टाचार के कई रूप हैं। नैतिक भ्रष्टाचार सबसे बदतर है और यही सारे दूसरे रूपों की जड़ है।
- केवल एक सच्चा आध्यात्मिक आदमी ही ईमानदार हो सकता है क्योंकि वह पूरी तरह से अनासक्त होता हे और उसका कोई निजी लक्ष्य नहीं होता।
- अगर दो विश्वासपात्र लोग मिल कर काम करें, तो वे चमत्कार कर सकते हैं। वे झूठों और मक्कारों के प्रति अजेय प्रतियोगी बन कर उभरते हैं।

अध्याय पाँच

जीवन का उद्‌देश्य

आचार्य नीति

परिवार किसी भी व्यक्ति के लिए सबसे बड़ी ताकत होता है। उसका पूरा अस्तित्व परिवार पर निर्भर करता है। एक व्यक्ति होने के नाते, उसकी पहली पहचान परिवार से ही बनती है–उसके माता–पिता, भाई–बहन, दादा–दादी, चाचा–चाची व रिश्ते भाई–बंधु। जब वह बड़ा होता है तो यह पहचान और भी बड़ी होती जाती है। उसे अपने परिवार का नाम मिलता है।

विवाह के बाद वह अपना परिवार बनाता है–उसकी पत्नी और सन्तान। इस तरह उसका अपना परिवार बढ़ता जाता है। इस तरह कह सकते हैं कि व्यक्ति का अस्तित्व उसके परिवार पर ही निर्भर करता है।,

किसी को भी मनपसन्द परिवार को चुनने का अवसर नहीं मिलता। पर यह चुनाव सबको मिलता है कि उसे विवाह कर, अपना घर बसाना है या नहीं।

आचार्य कथा

चाणक्य का अपना कोई परिवार नहीं था। पर कोई उनसे निजी जीवन या परिवार के बारे में पूछने का साहस नहीं कर सकता था।

चाणक्य के एक बचपन का मित्र पड़ोसी राज्य के दरबार में था। एक दिन उसने चाणक्य को सन्देश भेजा : विष्णु! गुरुकुल में हम सभी बचपन से ही तुम्हें सराहते आए हैं और अब तो तुम देश के सबसे शक्तिशाली व्यक्ति हो गए हो आने वाली पीढ़ियों का भविष्य सँवर रहा है। तुम तो जानते हो, मैं एक छोटे से राज्य का मन्त्री हूँ। क्या मैं तुम्हें हमारे वार्षिक दार्शनिक और राजनीतिक सम्मेलन के लिए निमंत्रण दे सकता हूँ। यह हमारे राज्य के लिए गौरव का

विषय होगा।

तुम हमारे विश्वविद्‌यालय में आ कर हमारे छात्रों को भी देश निर्माण की शिक्षा दो। मेरा सारा परिवार तुम्हारा प्रशंसक है। हर रोज घर में तुम्हारी चर्चा अवश्य होती हे। आशा करता हूँ कि तुम हमारे राजा, राज्य के मन्त्री और अपने मित्र की ओर से इस निमंत्रण को स्वीकार करोगे?"

चाणक्य के पास बहुत से बुलावे आते थे पर यह तो खास था। उनके बचपन के मित्र ने बुलावा भेजा था। वे टाल नहीं सकते थे।

वे निश्चित समय पर मित्र के दरबार में पहुँचे। राजा को भी अपने यहाँ आचार्य से भेंट कर बहुत प्रसन्नता हुई। चाणक्य का भाव–भीना स्वागत किया गया। शैक्षिक चर्चा के बाद चाणक्य ने छात्रों के साथ बहुत सा समय बिताया और उनकी सारी जिज्ञासाओं का समाधान किया। जब दिन बीता तो वे अपने मित्र के साथ एकांत में कुछ समय बिताना चाहते थे। रात के भोजन के बाद जा कर कहीं ऐसा अवसर मिल सका।

चाणक्य ने मित्र के माता–पिता, पत्नी व सन्तान से भेंट की और उनसे बहुत देर तक बातें करते रहे। जब वे छोटे थे तो मित्र की माता अक्सर उन्हें स्वादिष्ट भोजन करवाती थी।

इसके बाद दोनों मित्रों को एकांत में समय मिला। उन्होंने हर तरह के विषय पर विस्तार से बातचीत की और इसके बाद मित्र ने अचानक पूछा, "विष्णु! तुमने विवाह क्यों नहीं किया?"

ऐसा प्रश्न पूछने का साहस केवल एक मित्र ही कर सकता था। वे बोले, "यदि तुम्हें अपने लिए उपयुक्त साथी मिल जाए तो विवाह करना बुरा नहीं है। मुझे देखो, मैं अपने परिवार के साथ कितना प्रसन्न हूँ। हमारे कितने ऋषियों ने भी तो विवाह नही किए, हैं न?"

चाणक्य से इस विषय पर कभी किसी ने बात ही नहीं की। उनके परिवार की एकमात्र महिला, उनकी माता का बहुत पहले देहांत हो गया था।

"मैं विवाह के खिलाफ़ नहीं पर यह मेरे लिए नहीं बना।"

"क्यों विष्णु?"

"मैं तो पहले से विवाहित हूँ।" चाणक्य बोले

"क्या?" उनका मित्र हैरान रह गया।

"मैं देश निर्माण के लक्ष्य और प्रजा के कल्याण से ही अपना विवाह कर चुका हूँ।" उनके मित्र को याद आ गया कि उसका दोस्त शब्दों का जादूगर था।

"क्या तुम विवाह करके अपनी मुहिम पूरी नहीं कर पाते।"

"ऐसा हो सकता था पर मैंने दूसरा मार्ग चुना और यह मेरा निजी निर्णय था।"

उनके मित्र ने कहा, "ऐसे बात नहीं बनेगी। मैं तुमसे ऐसा न करने की वजह जानना चाहता हूँ। मुझे शब्द नहीं जायज कारण चाहिए।"

महान रणनीतिज्ञ ने कहा, "मैं अपना केन्द्र बिंदु नहीं खोना चाहता था। विवाह एक दायित्व है और मैं नहीं चाहता था कि उसे आधे मन से पूरा करूँ।"

फिर वे बोले, "हो सकता है कि मेरे भाग्य में विवाह की रेखा ही नहीं थी या फिर कोई मुझसे विवाह करना ही नहीं चाहती थी। हो सकता है कि ईश्वर ने कुछ और सोच रखा हो।"

मित्र ने हँस कर कहा, "विष्णु! बहुत हुआ। भले ही विवाह मत करो पर अब यह नाटक करना बंद करो।" उस रात दोनों मित्रों ने जी भर कर बातें कीं परन्तु चाणक्य के मित्र इतना तो समझ ही गए थे कि चाणक्य के लिए उनके जीवन के लक्ष्य के आगे सब कुछ फीका था। वे अपने लक्ष्य की ओर बिना किसी बाधा के बढ़ने में विश्वास रखते थे।

अन्तर्दृष्टि

- भले ही कोई इन्सान कितना भी महान क्यों न हो, कोई न कोई अवश्य होता है जिससे वह दिल की बात कह सकता है।
- विवाह एक अद्भुत और विलक्षण सम्बन्ध है परन्तु यह निजी चुनाव भी है।

महान लोगों के जीवन का उद्देश्य स्पष्ट होता है। वे इसके लिए जीते हैं। बाकी यही सोचते रह जाते हैं कि जीवन का कोई उद्देश्य है भी या नहीं।

अध्याय छह

चाणक्य का आदर्श राजा

आचार्य नीति

संसार में राजा होते हैं और आदर्श राजा होते हैं क्योंकि सभी राजा आदर्श नेता नहीं होते। कुछ लोग दुर्बल, भ्रष्ट और आतंकी होते हैं तो कुछ नेतृत्व गुणों से रहित नाममात्र के लिए पद को सुशोभित करते हैं।

किसी भी संगठन, राज्य या देश का भाग्य उसके नेता पर निर्भर करता है। एक अच्छा शासक परिवर्तन के लिए प्रेरणा देता है तो बुरा नेता संभावनाओं के सभी दरवाजे बंद भी कर सकता है।

चाणक्य इस बारे में अच्छी तरह जानते थे। उन्होंने हमारे ग्रंथों से नेतृत्व से जुड़ी सभी माँगों का अध्ययन किया हुआ था। उन्होंने अर्थशास्त्र के भूतपूर्व अध्यापकों का हवाला देते हुए, प्रशासन के लिए अपना नमूना स्वयं तैयार किया।

वे चन्द्रगुप्त को केवल राजा नहीं, एक आदर्श राजा बनाना चाहते थे। पहले वे अक्सर अपने छात्रों को राज–ऋषि के बारे में बताते थे। अब चंद्रगुप्त के राजा बनने के बाद, वे चाहते थे कि वह राजा बनने की बजाए एक नेता के तौर पर जाना जाए।

आचार्य कथा

एक बार एक चर्चा के दौरान आचार्य ने चन्द्रगुप्त से पूछा, "क्या तुम्हें पता है कि एक आदर्श राजा को क्या बनना चाहिए?"

चन्द्रगुप्त को अपने सबक याद थे। उन्होंने कहा, "आचार्य, उसे राज–ऋषि बनना चाहिए।"

"क्या तुम जानते हो कि ऐसा कैसे सम्भव है?

चन्द्रगुप्त मौन थे। मानो आपको तैराकी के सारे गुर सिखा कर पानी में धकेल दिया जाए और पूछा जाए, "तैरना आता है?" उनके चेहरे से पता चल रहा था कि उनके पास कोई उत्तर नहीं था। जब वे महल के बाग में पहुँचे तो आचार्य ने उनसे पूछा, "क्या तुम जानते हो कि हमारी परम्परा के अनुसार राज–ऋषि कई प्रकार के होते हैं।"

चन्द्रगुप्त सोचने लगे कि क्या आचार्य उनकी परीक्षा ले रहे थे।

गुरु ने कहा, "कुछ राजा ऐसे होते हैं जो पहले राजा और फिर विद्वान होते हैं और कुछ विद्वान होने की वजह से राजा होते हैं।"

अच्छे अध्यापक सदा उदाहरण के साथ बात करते हैं और आचार्य भी अपवाद नहीं थे। उन्होंने कहा, "रामायण में सीता के पिता महाराज जनक विद्वान राजा थे। वे राजा के भेष में ऋषि थे।" चन्द्रगुप्त ने सोचा कि वास्तव में राजा जनक को एक आदर्श राजा का लोकप्रिय उदाहरण माना जा सकता था।

"दूसरा ऋषि वह है जो राजसी जीवन जीता है – जो उसके सिंहासन की वजह से नहीं बल्कि उसके विवेक और गुणों के कारण सम्भव होता है। वह सदा वैभव और विलास के बीच भी, अपने शास्त्रों की जड़ों को थामे रखता है।

ऐसा ऋषि राजा का मार्गदर्शन करता है। वह बहुत शक्तिशाली होता है और किसी भी सम्राट को पदच्युत कर सकता है। वह राजनीति से परे होता है। उसे पहले एक ऋषि और फिर एक प्रशासक माना जा सकता है।"

अब चन्द्रगुप्त को समझ आ गया कि उन्हें एक राजा नहीं बल्कि राजा को बनाने वाले के बारे में सोचा चाहिए। वह देश में सत्ता के केंद्र पर खड़े होने के बावजूद एक संत थे। और दुनिया भर के राजा उनसे परामर्श लेने आते थे।

परन्तु चाणक्य की बात अभी समाप्त नहीं हुई थी। उन्होंने अपने शिष्य से पूछा, "इन दोनों तरह के ऋषियों के बीच समानता क्या है?"

तब गुरु ने स्वयं उत्तर दिया, "कुल अनासक्ति। दोनों ही अपने आसपास की शक्ति के मोह से परे हैं। वे समझते हैं कि कुल मिला कर,

एक और परम सत्ता भी है। ईश्वर सबसे अधिक शक्तिशाली है और वही हम सबको शक्ति प्रदान करता है।"

दरबार में अगले दिन कार्यवाही आरम्भ होने वाली थी। चन्द्रगुप्त अपने समय पर दरबार में आ गए परन्तु उस दिन उन्हें यह देख कर हैरानी हुई कि आचार्य पहले से उपस्थित थे। परम्परा के अनुसार राजा गुरु की आवभगत करता था। वह झट से आगे गए और आचार्य के चरण स्पर्श किए।

चाणक्य बोले, "आज मेरे पास तुम्हारे लिए एक विशेष उपहार है।" दरबार में सभी चकित रह गए।

राजा विनम्र भाव से बोला, "आचार्य आपकी दी हर चीज मेरे लिए किसी आशीर्वाद से कम नहीं है।"

चाणक्य ने आदेश दिया, "अपने कक्ष में जाओ। उपहार वहीं रखा है। तुम्हें उसका प्रयोग करना चाहिए।"

जब चन्द्रगुप्त अपने शयनकक्ष में गया तो उसे एक बंद उपहार मिला। जब उसने खोला तो देख कर दंग रह गया। उसमें तो सादे कपड़े से बुने हुए चोगे रखे थे।

आचार्य ने इनका प्रयोग करने को कहा है। क्या मुझे इन्हें पहनना होगा?

चन्द्रगुप्त थोड़ा चकरा सा गए। वह तो अपनी पसन्द और रुचि के अनुसार कपड़े पहनते थे। उनके शाही चोगे तो बेहतरीन कारीगर रेशमी कपड़े और रत्नों से सुसज्जित कर तैयार करते थे। उसके वस्त्रों की बहुत प्रशंसा होती थी। और अब यह?

तभी एक सहायक ने आ कर कहा, "महाराज! आचार्य ने कहा है कि आप इसे पहन कर दरबार में आएँ।"

चन्द्रगुप्त वाकई परेशान हो गए, 'मैं इसे कैसे पहन सकता हूँ? एक राजा हो कर?'

पर उनके पास कोई चारा नहीं था। जब वह दरबार में गए तो दरबानों ने उन्हे आम आदमी समझ कर बाहर ही रोक लिया। जब वह भीतर गए तो उन्हे देख कर आश्चर्य हुआ कि चाणक्य उनके सिंहासन पर विराजमान थे।

उन्होंने उद्दण्डता से आदेश दिया, "एक दिन के लिए मैं राजा हूँ। तुम पीछे वाली पंक्ति के अन्त में जा कर बैठ जाओ।"

चन्द्रगुप्त के लिए बड़े ही अटपटे से हालात थे। पर उन्हें अपने गुरु पर पूरा भरोसा था। दिन के अन्त में, जब वह कक्ष में गए तो उनके लिए एक और उपहार रखा था। उसमें उसके मनचाहे रंग और नमूने से तैयार चोगे रखे थे। उन पर उसका प्रिय इत्र छिड़का गया था।

वे मुड़े तो चाणक्य वहीं खड़े दिखे। वे बोले, "कल दरबार में इसे पहन कर आना। सुन्दर दिखोगे।"

फिर महान अध्यापक ने कहा, "मुझे राजा बनने में रुचि नहीं है। मैं चाहता हूँ कि तुम भी उसी अनासक्ति के साथ शासन करो। तुम्हें महल में रहते हुए भी, आसपास की विलासिताओं से विरक्त रहना होगा। याद रखो, तुम्हें प्रभु ने राजा बनाया है। तुम्हें जो भी काम दिया गया है, उसे पूरी

अन्तर्दृष्टि

- लिखित उसूलों को व्यवहार में उतारना कठिन होता है। परन्तु इन दोनों का साथ–साथ चलना अनिवार्य है।
- अपनी सारी सम्पत्ति के त्याग के लिए प्रस्तुत रहो। समय–समय पर इसका अभ्यास करो। विलासिता में रहो परन्तु इसे अपना लक्ष्य मत मानो। तुम्हें इसके साथ और इसके बिना भी सम्पूर्णता का अनुभव होना चाहिए।
- सच्चे ताकतवर लोग अपनी सत्ता का गलत इस्तेमाल नहीं करते। वे आश्रम से भी वैसा ही राज कर सकते हैं जैसे सोने के सिंहासन पर बैठ कर करते हैं।

अध्याय सात

राष्ट्र बनाम देश

आचार्य नीति

बच्चा एक परिवार में ही अपनेपन के भाव का पहला पाठ पाता है। इसके बाद उसे यह भाव समुदाय से मिलता है। जब वह विवाह करता है तो उसका अपना परिवार बनता है। समुदाय के बाद देश की बारी आती है। इस तरह उसके मन में देशभक्ति का भाव आता है। फिर धीरे–धीरे वह अपनी पहचान के साथ बड़ा होने लगता है–अपने–आप से, अपने परिवार से, अपने समुदाय से और फिर देश से।

चाणक्य जानते थे कि एक व्यक्ति में ये उच्च भाव कैसे पैदा किए जा सकते हैं। और चन्द्रगुप्त सहित सभी अक्सर इस बात को भूल जाते थे। चन्द्रगुप्त उन्हें समय–समय पर याद दिलाते।

आचार्य कथा

ऐसी ही एक घटना तब घटी, जब चन्द्रगुप्त अपने कनिष्ठ मन्त्रियों के साथ नए देश के निर्माण की रणनीतियों पर चर्चा कर रहा था।

चन्द्रगुप्त उस सभा में उपस्थित नहीं थे पर वे हर उस बात का ध्यान रखते थे, जिसका सम्बन्ध चन्द्रगुप्त की प्रगति से हो सकता था। उन्होंने उनकी बात को सुन कर सोचा कि उसे सब कुछ समावेश करने वाले चिन्तन के बारे में भी जानना होगा।

अलगे दिन, चाणक्य ने राजा से कहा, "देश निर्माण की योजना कैसी चल रही है?"

"बहुत अच्छी आचार्य हमने कल बहुत अच्छी योजना बनाई।" चन्द्रगुप्त ने

सन्तुष्ट स्वर में कहा।

"तो इस बार व्यय का केन्द्र क्या है?"

"हमारा राज्य मगध और इसकी राजधानी पाटलिपुत्र।"

चाणक्य ने हामी भरी। "पाठशालाएँ कहाँ बनेंगीं?"

"मगध के आसपास। बड़े विश्वविद्यालय राजधानी में होंगे।"

चाणक्य इन बातों से प्रभावित नहीं दिखे और बोले, "रक्षा तन्त्र कहाँ स्थापित होंगे?"

चन्द्रगुप्त हल्का सा खीझ कर बोले, "यह भी मगध और पाटलिपुत्र में ही होगा आचार्य – सारा केन्द्र राजधानी पर ही होना चाहिए।"

चाणक्य ने उन्हें देखते हुए कहा, "क्या मगध और राजधानी के सिवा दूसरे स्थानों के लिए भी कोई योजनाएँ हैं?" चन्द्रगुप्त ने थोड़ी उलझन से कहा, "नहीं आचार्य,? हमारा मानना है कि अपने राज्य और राजधानी पर काम होने के बाद बाकी सब सही हो जाएगा।" आचार्य कुछ देर मौन रहे। फिर वे बोले, "मैं तुम्हें एक बात याद दिला दूँ – मैंने तुम्हें केवल मगध राज्य का नहीं बल्कि पूरे भारत का सम्राट बनाया है। पर तुम तो मगध और इसकी राजधानी के ही मोह में उलझ कर रह गए।" चन्द्रगुप्त ने सिर झुका लिया। "सबसे पहले मैं तुम्हें बताना चाहता हूँ कि एक राष्ट्र किसे कहते हैं। इसका मतलब है कि सभी राज्यों और प्रशासनों को एक नेतृत्व के अधीन लाया जाए।" (आज भी बहुत से लोग इस बात को नहीं समझते कि चाणक्य उन लोगों में से थे जिन्होंने विश्व के इतिहास में लोगों को देश और राज्य का अन्तर समझाया।)

वे आगे बोले, "ऐसा करने से हम सबके लाभ के लिए राजकोष व सेना जैसे संसाधनों का साझा प्रयोग कर सकते हैं। यहाँ तक कि छोटे और बड़े राज्यों को भी बाहरी दुश्मनों से सेना की सुरक्षा मिलेगी। अगर हम साझी मुद्रा और सिक्के बना सके, तो हम हर जगह, समान काम के लिए समान भुगतान को लागू कर सकेंगे। हमारा आर्थिक मूल्य बढ़ेगा और समाज के प्रत्येक सदस्य को वित्तीय लाभ होगा।

दूसरे, तुमने राष्ट्रीय योजना बनाते हुए राज्यों के कल्याण के बारे में नहीं सोचा। तुम्हारे सारे लाभ, सुरक्षा और पाठशाला आदि मगध के आसपास ही घूम रहे हैं।

तुम्हें केवल मगध नहीं पूरे देश के विकास पर ध्यान देना होगा। अगर तुम ऐसा नहीं करते तो यह तुम्हारी मानसिक सन्कीर्णता होगी।"

छात्र अपने गुरु की बात मनोयोग से सुन रहा था और उसे पता था कि वे गलत नहीं कह रहे थे।

"सारे देश का नक्शा ले कर बैठो। हर राज्य को विकास की धनराशि दो। तभी तुम सारे देश के लिए योजना तैयार कर सकोगे।"

अचानक चन्द्रगुप्त के मन में एक बात आई, '"अगर मेरे पास सभी राज्यों के लिए पर्याप्त संसाधन या सेना न हो तो?"

चाणक्य प्रसन्न हो कर बोले, "यह अच्छा प्रश्न है। तब तुम्हे स्थानीय लोगों के साथ मिल कर दल बनाना होगा। उन्हें स्थानीय तौर पर चुनो परन्तु वैसा ही प्रशिक्षण दो जैसे पाटलिपुत्र में दिया जाता है। इस तरह, सबको समान अवसर मिल सकेंगे।"

इसके बाद आचार्य बोले,"लोग अक्सर अपने राज्य और मातृभूमि की सेवा करते हैं। वे दुश्मन से लड़ने के लिए अपना जी–जान लगा देंगे।"

इसके बाद चाणक्य ने एक और सलाह देते हुए कहा, "याद रखो, पूरे देश में औरतों, बूढ़ों व बच्चों तथा रोगियों को पूरी देखरेख दी जानी चाहिए। इस मामले में पक्षपात न हो। तभी नागरिकों को पता चलेगा की आप उनके भले और कल्याण के लिए काम कर रहे हैं।"

चन्द्रगुप्त अब समझ गए था कि उन्हें राष्ट्र हित से जुड़ी बैठकों में क्या करना होगा।

अन्तर्दृष्टि

- एक नेता के तौर अपनी भूमिका जानें। आपको अपने और अपने दायरे के लिए नहीं, सबके लिए सोचना है और योजना तैयार करनी है।
- एक देश में आम सुविधाओं व संसाधनों को बाँटते हैं। इस तरह हर कोई देश निर्माण के लिए काम करता है। एक देश की प्रगति सबकी प्रगति है। परन्तु इसके विपरीत, एक व्यक्ति की प्रगति दूसरों की या देश की प्रगति नहीं हो सकती।
- एक अध्यापक को सारे नागरिकों को राष्ट्रीय जागरुकता का पाठ पढ़ाना चाहिए। इससे भी पहले जरूरी है कि राजा और नेता भी उसे जाने।

अध्याय आठ

अहं से मुक्ति

आचार्य नीति

कई बार सत्ता में बैठे लोगों की सोच भी अजीब हो जाती है। वे सोचते हैं कि वे ही सबसे बड़े हैं। इनके पास अच्छे और बुरे अनुयायी भी होते हैं। अच्छे अनुयायी इन्हें अच्छी सलाह देते हैं जबकि बुरे लोग अपने स्वार्थ के लिए इन्हें अपना सहयोग देते हैं।

एक अच्छे नेता को सबकी बात सुननी चाहिए पर वह इस लायक हो कि उसे अच्छी और बुरी मंशा में अन्तर करना आ सके। यह ज्ञान ही तय करेगा कि उसे क्या बना या बिगाड़ सकता है।

आचार्य कथा

चन्द्रगुप्त अब भी सत्ता के रहस्यमयी खेल का प्रशिक्षण ले रहा था। उन्हें अब भी अच्छे और बुरे सलाहकारों में भेद करना नहीं आया था।

एक दिन, कुछ दुष्ट सोच वाले सलाहकार उसके पास आ कर बोले, "महाराज आपके लिए एक खबर है।"

"क्या बात है?"

"महाराज क्षमा करें पर नागरिक इस बात पर खिल्ली उड़ा रहे हैं कि आप शासन कैसे चलाते हैं।" उनके शब्दों से व्यंग्य की धार छिपी न रह सकी।

"क्यों, वे अप्रसन्न क्यों हैं?"

"उनका मानना है कि आप किसी के वश में हैं।"

"मैं किसी के वश में हूँ, पर किसके?"

"उनका कहना है कि आप आचार्य चाणक्य के वश में हैं।" उनमें से एक ने कहा

"लगता है मानो आप उनके हाथ की कठपुतली बन कर रह गए हो। सभी यही यही कहते हैं कि आप वही करते या बोलते हैं जो पहले से ही आचार्य तय कर देते हैं।"

और अन्त में उन्होंने कहा, "मानो आपके पास अपनी कोई सोच ही न रही हो।"

चन्द्रगुप्त को बहुत गुस्सा आया।

"तुम्हारी मजाल कैसे हुई। तुमने यह बात कैसे कही कि मेरे पास अपनी समझ नहीं है। मैं इतना समझदार हूँ कि पूरा राज्य स्वयं संभाल सकता हूँ। ये नागरिक समझते क्या हैं? उन्हें क्या लगता है कि मैं मूर्ख हूँ। सारा दिन सिंहासन पर बैठ कर केवल समय नष्ट करता हूँ? मैं उन्हें दिखा दूँगा कि मैं आचार्य की राय लिए बिना भी अपने निर्णय ले सकता हूँ।"

चन्द्रगुप्त झल्ला कर बाहर चले गए। पूरा दल मुस्कुराया। वे जानते थे कि वे जिस काम के लिए आए थे, उन्होंने उसे पूरा कर दिया था।

चन्द्रगुप्त के दिमाग में फैला हुआ जहर बढ़ने लगा। उन्हें बहुत व्याकुलता महसूस हो रही थी, मानो वह स्वयं से ही कट से गए हो – अहं तेजी से आड़े आ रहा था। सप्ताह में एक बार चन्द्रगुप्त और चाणक्य के बीच दार्शनिक विषयों पर भेंटवार्ता हुआ करती थी। उस सप्ताह आचार्य प्रतीक्षा करते रहे पर शिष्य उनके पास नहीं आया। ऐसा पहली बार हो रहा था और चाणक्य भांप गए कि कोई बात अवश्य है। पर वे कुछ नहीं बोले। अगले सप्ताह भी यही हुआ। उससे अगले सप्ताह भी चन्द्रगुप्त नहीं आए। तब चाणक्य ने तय किया कि वे स्वयं पता करेंगे कि क्या बात है। कुछ ही देर में उन्होंने असली कारण का पता लगा लिया।

इससे अगले सप्ताह, चन्द्रगुप्त के आश्रम आने की प्रतीक्षा करने की बजाए, वे महल में चले गए। वे पहुँचे तो मन्त्री परिषद मौजूद थी। सभी उन्हें देख कर हैरान हुए और अपने आसनों से उठ खड़े हुए।

राजा के दुष्ट सलाहकारों को खुशी थी कि वे उसे उसके गुरु से दूर करने में सफल रहे पर चन्द्रगुप्त मन ही मन अपने आचार्य को बहुत याद कर रहे थे। हालाँकि अपने अहं के चलते, वह अपनी इस भावना को भी छिपाए रखना चाहते थे।

"आचार्य... आप कैसे आए?" चाहे जो भी हो, आचार्य के प्रति आदर भाव में कमी नहीं आई थी। वे सिंहासन से उतरे और आगे आ कर उनके चरण स्पर्श किए।

"तुम पिछले कुछ सप्ताह से मिलने नहीं आ रहे थे। सोचा कि स्वयं ही मिल आता हूँ।"

चाणक्य के चेहरे पर चिन्ता के भाव थे, "तुम्हारा स्वास्थ्य तो अच्छा है।"

"जी आचार्य, सब सही है। बस काम इतना अधिक था कि आपसे मिलने का समय नहीं निकाल सका।"

चाणक्य मुस्कुरा कर बोले, "चन्द्रगुप्त कोई और बेहतर कारण बताओ।"

राजा को पता चल गया कि उनका झूठ पकड़ा गया था। उन्हें बरगलाने वाले सभा से चुपचाप निकलने की कोशिश में थे। परन्तु उनके जाने से पहले ही चाणक्य ने उन्हें आदेश दे कर वहीं रोक दिया।

"चन्द्रगुप्त! तो ये हैं तुम्हारे नए सलाहकार।" आचार्य ने उनके चेहरे देखे।

उन्हें लगा कि मानो मौत ही उन्हें एकटक देख रही हो। वे सब मन ही मन बचाव की प्रार्थना करने लगे।

"चन्द्रगुप्त! जब मैंने तुम्हें राजा बनाया तो मैं जानता था कि एक दिन ऐसा भी आएगा जब तुम्हें लगेगा कि तुम ही सर्वेसर्वा हो और तुम्हें मेरी और अपने शुभचिन्तकों की कोई जरूरत नहीं रही। और यही जानते हुए, मैंने तुम्हारे स्थान पर आने वाले युवक भी तैयार किए। मुझे तुम्हें हटा कर, इस स्थान पर दूसरे व्यक्ति को बिठाने में एक पल भी नहीं लगेगा। पर क्या तुम किसी दूसरे को मेरा स्थान दे सकते हो?"

"क्या तुम्हारे पास मुझसे ज्यादा बुद्धिमान या योग्य मार्गदर्शक है?" चाणक्य ने कठोर सुर में कहा

इसे बाद वे बाहर की ओर मुड़ गए। परन्तु उन्होंने जाने से पहले एक बात और कही, "भगवानों के पास भी गुरु होते हैं। तुम तो एक नश्वर मनुष्य हो।"

अगले ही सप्ताह चन्द्रगुप्त अपने आचार्य के पास साप्ताहिक भेंट के लिए गए और उनकी चर्चा सदा की तरह जारी रही।

अन्तर्दृष्टि

- हर इन्सान के ईमानदार और भरोसा न रखने लायक साथी होते हैं। उनके बीच अन्तर करना आना चाहिए।
- अध्यापक की सलाह को कम न आँकें। वे आपके सच्चे मार्गदर्शक हैं।
- यह तय करें कि सामने वाला आपका हितैषी है या नहीं। अगर है तो अपने अहं को परे रख कर, उससे सम्बन्ध बनाए रखें।

अध्याय नौ

एक राजा का रवैया

आचार्य नीति

एक नेता में दो खूबियाँ तो निश्चित तौर पर होनी चाहिए – क्षमता और रवैया। बहुत से नेता ऐसे होते हैं जिनके पास क्षमता नहीं होती। वे भाग्य के बल पर ही कहीं पहुँचते हैं।

एक अक्षम नेता देश को हानि पहुँचाता है क्योंकि वह अवसरों की पूरी संभावना को साकार नहीं कर पाता। उनके अनुयायियों के पास कोई उत्पादक प्रेरणा भी नहीं होती।

उसका रवैया तो और भी महत्व रखता है। अगर वह उचित होगा, तो जादू भी सम्भव हे। और गलत रवैए के साथ, बहुत कुछ गलत हो सकता है।

चाणक्य ने चन्द्रगुप्त और दूसरे छात्रों को सक्षम नेता बनना सिखाया। उन्होंने उन्हें नेतृत्व का कौशल और तकनीकें सिखाईं। वे उन कौशलों का पूरा उपयोग कर सकें इसलिए उन्होंने नेतृत्व के उचित रवैए पर ज्यादा बल दिया।

आचार्य कथा

एक दिन चाणक्य ने चन्द्रगुप्त से पूछा एक राजा का अन्तिम उद्‌देश्य क्या होना चाहिए?

इससे पहले कि चन्द्रगुप्त कुछ कहते, वे बोले, "हमारे ग्रंथों का कहना है कि उसे प्रजा के सुख का ध्यान रखना चाहिए, एक राजा का पहला और अन्तिम लक्ष्य यही है कि वह अपनी प्रजा की प्रसन्नता को सुनिश्चित करे।" इसके बाद चाणक्य ने एक श्लोक कहा जो आगे चल कर उनके अर्थशास्त्र का अन्तिम श्लोक बना।

प्रजा की प्रसन्नता में ही राजा की प्रसन्नता छिपी है।

चाणक्य ने चन्द्रगुप्त को समझाया एक राजा का जीवन बलिदान का जीवन होता है। उसके लिए, कोई निजी जीवन नहीं होता। उसे दूसरों के लिए जीना होता है। इसके बाद वे एक खिड़की की ओर संकेत कर बोले, उस सूर्य को देखो। इस सूर्य के कारण ही सारे संसार को जीवन मिल रहा है। यह सूर्य इस ग्रह का स्वामी और नेता है। यह खुद को जला कर सबको प्रकाश और ऊष्मा प्रदान करता है। चाणक्य ने सूर्य देव को प्रणाम किया।

चन्द्रगुप्त ने पूछा, "तो क्या इसका अर्थ होगा कि कुछ ऐसे निर्णय भी होते हैं, जो हम नहीं ले सकते? अगर मुझे सबको प्रसन्न रखना है तो इसका अर्थ होगा कि मैं अपराधियों को दन्डित नहीं कर सकता। किसी को भी दण्ड मिलने से खुशी नहीं होती।"

चाणक्य हँस दिए। "राजा को प्रजा के सुख का ही नहीं हित का भी ध्यान रखना होता है।"

चन्द्रगुप्त इस अन्तर को नहीं समझे तो वे बोले, "हित का अर्थ है कि जो उचित और उपयुक्त है, वही किया जाए। और कई बार ऐसा हो सकता है कि जो सही है, उससे हमें प्रसन्नता न मिले। कई बार हम कड़वी गोली नहीं खाना चाहते पर इलाज करवाने के लिए उसे खाना आवश्यक है। ठीक इसी तरह, कई निर्णय आरम्भिक अवस्था में गलत लग सकते हैं परन्तु दीर्घकाल में, वे लाभदायक ही होते हैं और यही असली हित है।"

अन्त में चन्द्रगुप्त ने कहा,, "इसका अर्थ है कि अपराधियों को दण्ड देना हित है जिससे प्रजा को सुख होगा।"

चाणक्य प्रसन्न हुए कि चन्द्रगुप्त को बात समझ आ गई थी।

आचार्य बोले , "एक राजा को किसी अपराधी को न देखते हुए, सारी प्रजा के कल्याण को ध्यान में रखना चाहिए इसलिए अपराधी को दण्ड देना नेतृत्व का अहम अंग है पर इतना होने पर भी, राजा को यह नहीं भूलना चाहिए कि अपराधी को कैसे दण्ड देना है।"

चन्द्रगुप्त सोचने लगे कि चाणक्य क्या कहना चाह रहे थे।

"किसी को भी घृणा के साथ दण्ड न दें। यहाँ तक कि दुष्ट से दुष्ट अपराधी का तय करते हुए भी न्याय और विवेक को ध्यान में रखा जाए।"

"कैसे?"

"राजा का शासन धर्मशास्त्रों के अनुसार चलना चाहिए, जिनमें उनके गुरु सहायक हो सकते हैं।"

"क्या राजा स्वयं सारे निर्णय नहीं ले सकता?"

चाणक्य ने इन्कार करते हुए कहा, "भले ही राजा स्वयं सारे निर्णय लेने में सक्षम होता है पर उसे सयाने मन्त्रियों व गुरुओं की सलाह के अनुसार ही चलना चाहिए ताकि वह उद्दण्ड न हो जाए और उसका अंह भी वश में रहे जब किसी जगह पर कोई सलाह न मिले तो राजा को स्वयं निर्णय लेना चाहिए।"

अन्त में चन्द्रगुप्त ने कहा, "एक पिता को स्नेह के साथ संयम भी सिखाना है। राजा अपनी प्रजा से प्यार तो करे परन्तु जब आवश्यक हो तो सबको यह भी बता दे कि अनुशासनहीनता सहन नहीं की जाएगी।"

चाणक्य गए तो चन्द्रगुप्त सभी बातों पर विचार करने लगे। उन्हें एहसास हुआ कि केवल वही प्रजा का पिता नहीं, उनके गुरु भी उसके लिए पिता की भूमिका ही निभा रहे हैं। आभार से भर कर, वे हौले से बोले, "आचार्य! आप वास्तव में एक महान पिता हैं।"

अन्तर्दृष्टि

- एक नेता के पास क्षमता और उचित रवैया दोनों ही होने चाहिए।
- सुख और हित को अन्तर को समझना होगा। दूसरों के प्रति अच्छा होना ही काफी नहीं है। कभी–कभी उचित निर्णय भी अच्छे नहीं होते।
- माता–पिता बच्चों के हितैषी होते है परन्तु बच्चे के कल्याण के लिए स्नेह के साथ अनुशासन भी चाहिए।

अध्याय दस

संगीत का महत्व

आचार्य नीति

हमारा मस्तिष्क एक तयशुदा साँचे में काम करता है। अगर हम इसके तरीके को समझ सकें तो हम कम प्रयासों के साथ ही अधिक उत्पादक हो सकेंगे। आज, सब कुछ मानसिक अवस्था से जुड़ा है। ओलम्पिक स्वर्ण विजेताओं का कहना है, वे स्वर्ण पदक को वास्तव में पाने से बहुत पहले ही, अपने मन में उसकी छवि तैयार कर लेते हैं और उसे पहले ही पा चुके होते हैं। शारीरिक रोगों का मूल भी मन में ही होता है। मनोविज्ञानी व्यवहार पर कई तरह के शोध कर रहे हैं। और उन्होंने संगीत व मनुष्य के मस्तिष्क पर इसके प्रभावों के बारे में कुछ प्रभावशाली अध्ययन किए हैं।

चाणक्य मनुष्य के मस्तिष्क के काम करने के तरीके को समझते थे। उन्होंने यह ध्यान रखा कि राजा मानसिक रूप से विश्रांत किंतु शारीरिक तौर पर सजग रहे। उन्होने यह भी देखा कि व्यस्त दिनचर्या के बाद राजा के पास कुछ रोचक करने का समय रहे, जैसे संगीत सुनना!

आचार्य कथा

एक बार सेनापति ने चाणक्य के पास आ कर कहा, "श्रीमान, हम लोग अक्सर सेना में युद्ध के समय संगीत सुनते हैं। और हमारे पास सेना में वाद्य यंत्र बजाने वाले लोग भी हैं। पर मुझे हाल ही में पता चला कि आप महाराज को भी प्रतिदिन संगीत सुनवाते हैं।"

सेनापति संगीत प्रेमी था, वह चाणक्य के ज्ञान से प्रेरित हो कर बोला, "आचार्य। मैं जानता हूँ कि आपने संगीत का अध्ययन किया है और आप यह भी जानते हैं कि मनुष्य के मन पर इसका क्या प्रभाव हो सकता है। कृपया मुझे

इसके बारे में और अधिक जानकारी दें ताकि मैं भी इसका पूरा लाभ ले सकूँ।" उसने आग्रह किया।

चाणक्य कई विषयों के विशेषज्ञ थे परन्तु संगीत उन्हें निजी तौर पर पसन्द था। उन्होंने सेनापति से कहा,

"क्या तुम जानते हो कि हमारे वेदों में संगीत के बारे में बहुत जानकारी दी गई है। यह हमारी महान परम्परा का एक अंग है। मैंने उसका अध्ययन करने के बाद स्वयं से प्रश्न किया कि हम इस ज्ञान का अधिकतम उपयोग कैसे कर सकते हैं।"

वे बोले, "वेद कहते हैं कि यह संसार ओम की ध्वनि से निकला है, जो प्रणवमंत्र है।"

सेनापति ने हामी भरी, "जी, मैंने भी सुना है।"

"संगीत उस दैवीय तत्व की देन है। जब हम इसे सात सुरों में बाँट देते हैं तो यह सप्त सुर कहलाते हैं – इन सात सुरों के मिलन से ही संगीत बना है।"

सेनापति ने कहा ,"सा रे गा मा पा धा नि.."

चाणक्य ने हामी भरी, "इसके बाद हम इन्हें धुन और बोल देते हैं। और फिर संभावनाएँ असीम हो जाती हैं।" वे मुस्कुरा रहे थे। उनका चेहरा देख कर लग रहा था मानो वे कोई धुन सुन रहे हों। सेनापति ने पूछा, "परन्तु आचार्य यह राजनीति में कैसे सहायक है?"

मानो रणनीतिज्ञ किसी तंद्रा से जागे, वे बोले, "राजनीति दिमागी खेल है। संगीत मन को प्रभावित कर सकता है। इसलिए मैंने दोनों का मिलन कर दिया है। संगीत से मनुष्य की सोच विकसित की जा सकी है।"

तब तक महल में खबर प्रसारित हो गई थी कि चाणक्य संगीत के विषय में ज्ञान दे रहे थे। देखते ही देखते दोनों के आसपास उत्साही श्रोता आ जुटे। इन सबमें चन्द्रगुप्त भी शामिल थे।

"संगीत आपको विश्रांत करते हुए, एकाग्रता को विकसित करता है। संगीत मन को खुशनुमा बना सकता है। सुबह के समय उठ कर ऊर्जान्वित करने वाली धुन सुनने से सारा दिन बहुत अच्छा बीतता है। हमारी सुबह की प्रार्थना भी इसलिए की जाती है ताकि हमें सकारात्मक ऊर्जा मिल सके।"

चन्द्रगुप्त अब समझ गए थे कि सुबह उनकी नींद संगीत की आवाज सुन कर क्यों टूटती थी। यह भी चाणक्य की ही रणनीति का अंग था।

"जब दिन बीतता है तो हमारा दिन भी प्रगति करता है। हमें सक्रिय संगीत से धीमी धुनों पर आना चाहिए ताकि मस्तिष्क को उस धीमे संगीत के बीच गहन विचार करने का अवसर मिले और वह विश्रांत भी रहे।

दोपहर को हमारी गतिविधि और भी शान्त होती है। हम अपने काम को आरम्भ करने से पूर्व एक झपकी ले सकते हैं। इस तरह शान्त संगीत हमें तरोताजा करने और ऊर्जा से भरपूर करने में मदद करता है।"

सभी इस बारे में विचार करने लगे। यह तो सच था कि दोपहर को पशु और पक्षी भी शान्त हो जाते थे।

अन्त में चाणक्य बोले, "संगीत से मनोरंजन करना हो तो शाम का समय बेहतर होता है। दो घंटे तक मनपसन्द संगीत सुन कर आपकी आत्मा को आनन्द आ जाता है।"

चन्द्रगुप्त को याद आया कि किस तरह उसके दरबार में बेहतरीन संगीतज्ञ और कलाकार अपनी कला का प्रदर्शन करते रहते थे। चाणक्य यह भी ध्यान देते कि उन्हें पूरा पारिश्रमिक मिले। 'कलाकारों को उनकी कला के लिए पूरा सम्मान दिया जाना चाहिए।'

"आप किसी व्यक्ति के व्यक्तित्व का अनुमान लगाना चाहें तो देखें कि वह कैसा संगीत सुनता है। मिसाल के लिए, अगर कोई तेज संगीत सुनता है तो वह बहिमुर्खी और चंचल व्यक्ति होगा। अगर वह शान्त और धीमा संगीत सुनता है तो वह बुद्धिमान और संवेदनशील होगा।"

संगीत के कई आयाम थे और इस तरह वह संगीत सभा जारी रही। अन्त में चाणक्य बोले, "संगीत आपको दिव्य तत्व की ओर ले जाते हुए, मोक्ष पाने में भी सहायक है– यह आपको जीवन मरण के चक्र से मुक्त कर सकता है।"

उनके भाषण के बाद सन्नाटा सा छा गया। चाणक्य ने सेनापति को परामर्श दिया, "यह ध्यान रखो कि तुम्हारे हथियारों की तरह वाद्य यंत्र भी सही तरह से काम करते रहें। तुम नहीं जानते कि युद्ध के मैदान में कब किसकी आवश्यकता पड़ जाए।"

अन्तर्दृष्टि

- संगीत दिव्य होता है। यह आपको आध्यात्मिक और भौतिक, दोनों जगतों में, सफल होने में सहायक है।
- संगीत सुनने के अनेक लाभ हैं–यह आपको विश्रांत होने और एकाग्रता साधने में सहायक होता है।
- संगीत के सात सुरों में असीम रचनात्मकता और अन्वेषण छिपा है।

भाग 1 : पहली दस कहानियाँ

अध्यापक चाणक्य

भाग 2 : अगली दस कहानियाँ

मार्गदर्शक चाणक्य

भाग 3 : अन्तिम दस कहानियाँ

चाणक्य की महानता

सम्पदा का निर्माण

मूक दण्ड

जीवन का मूल्य

करों का भुगतान

पैसे वसूल करना

महिला सशक्तिकरण

एक अध्यापक का पुत्र

अपने अनुभवों को दर्ज करना

अच्छे प्रशासन का रहस्य

संसार का त्याग

अध्याय एक

सम्पदा का निर्माण

आचार्य नीति

एक सफल देश वही है जिसमें लो.ग निर्धनता से ऊपर उठें। भले ही सभी बहुत धनी न हों परन्तु वे प्रसन्न और सन्तुष्ट हों। किसी व्यक्ति की क्षमता उसकी कमाई, विलासिता या वैभव से न मापी जाए। समाज में सभी परस्पर लाभ के लिए काम करें। सरकार भी आर्थिक और आध्यात्मिक सम्पन्नता को प्रोत्साहित करे।

आचार्य कथा

चाणक्य एक रणनीतिज्ञ होने के साथ–साथ विचारक भी थे। अब उनके अधिकतर शत्रु पराजित हो चुके थे और चन्द्रगुप्त को राजा बना दिया गया था। चाणक्य उनसे अच्छे प्रशासन के बारे में बात कर सकते थे।

उन्होंने तय किया कि वे उसे अर्थशास्त्र के बारे में जानकारी देंगे। चाणक्य ने राजा से पूछा, एक देश धनी कैसे होता है?"

"लोगों से मिले करों के माध्यम से"

"ठीक। क्या कोई दूसरा उपाय है?"

राजा ने एक पल के लिए सोचा और कहा, "कर न देने वालों से मिलने वाली दण्डराशि भी आय का साधन हो सकती है।"

"यह तो कर जमा करने का साधन हुआ। मैंने एक अलग प्रश्न किया है। एक देश धनी कैसे हो सकता है?"

चन्द्रगुप्त विचार कर ही रहे थे कि आचार्य बोले, "एक देश सम्पदा का निर्माण करके धनी हो सकता है।" जब राजा को बात समझ नहीं आई तो

चाणक्य बोले, "आओ, सैर करने चलें।"

कुछ देर बाद वे आम आदमियों की तरह महल से निकले। चाणक्य के पास पहले से एक योजना थी। पहले से एक व्यस्त बाजार में गए। चारों ओर लोगों की भीड़ थी और ग्राहकों का मेला लगा हुआ था।

"चन्द्रगुप्त! तुमने क्या देखा?"

"इस स्थान पर भारी आर्थिक गतिविधि जारी है।"

"परन्तु सम्पदा का निर्माण नहीं हो रहा।"

चन्द्रगुप्त कुछ समझे नहीं तो चाणक्य उन्हें एक जमीनदार के पास ले गए। वे देख रहे थे कि लोग उसके पास अपने–अपने कारणों से धन उधार लेने आ रहे थे। उनमें से अधिकतर कुछ न कुछ रेहन रख रहे थे और एक महिला ने अपना सोने का हार गिरवी रख दिया।

"चन्द्रगुप्त तुमने यहाँ क्या देखा?" चाणक्य ने पूछा

"जिन्हें पैसा चाहिए, वे महाजन से उधार ले रहे हैं। वह उन्हें उधार देता है जो मय ब्याज चुका सकते हैं।"

आचार्य चाणक्य ने कहा, "ठीक है, पर यह याद रखना कि इसमें भी धन का निर्माण नहीं हो रहा।"

इसके बाद वे उसे तीसरे स्थान पर ले गए – वह उनका अपना कोष था। पूरे राज्य से धन और वस्तुओं के तौर पर मिलने वाले कर को जाँच के बाद वहीं जमा किया जाता था। अनाज और वनोपज को भी तोल कर रखा जा रहा था।

"तुमने यहाँ क्या देखा?"

"यह सरकारी काम हमारे लिए बहुत महत्व रखता है। कर विभाग के कारण ही हम अपनी प्रजा के कल्याण के कार्य कर सकते हैं। हम इस पैसे से कर्मचारियों को वेतन देते हैं और विकास की परियोजनाओं में धन लगाते हैं।"

चन्द्रगुप्त को पता चल रहा था कि क्या हो रहा था पर एक बार फिर चाणक्य ने कहा, "यह ठीक है, पर याद रखो कि इसमें भी सम्पदा का निर्माण नहीं हो रहा।"

चन्द्रगुप्त ने अन्ततः पूछा, "आचार्य तो धन का निर्माण क्या है?"

चाणक्य को महसूस हुआ कि उनका शिष्य इस ज्ञान को पाने के लिए तैयार था। वे उसे एक खेत में ले जा कर बोले, "यह देखो यहीं धन का निर्माण होता है। ये किसान सारा दिन परिश्रम कर हमारे लिए अनाज उगाते हैं। उनके प्रयासों से ही हमें धरती माता अन्न देती है जिससे हमारे भन्डार भरते हैं।"

परन्तु आचार्य, "दूसरे लोग भी तो कड़ा परिश्रम करते हैं। उनके और इनके बीच क्या अन्तर है?"

"हम्म, वे भी परिश्रम करते हैं। किसान की कुटिया के पास वाली बंजर धरती को देखो। हल नहीं चलने के कारण कुछ नहीं उगा। यह खेत मानव श्रम मिलने से लहलहा रहा है। मानव श्रम के बिना धरती अनुर्वर है।"

"इसका अर्थ हुआ कि मानव श्रम महत्व रखता है।"

"ठीक, तुम्हारी भूमिका यही है कि तुम इन किसानों को उनके काम का अच्छा पारिश्रमिक दिलवाओ। हमें दूसरों को भी कड़ा परिश्रम करने की प्रेरणा देनी चाहिए। जितने अधिक कर जमा होंगे, उतना ही वांछित उत्पादन होगा। और इसके बदले में हमारा देश सम्पन्न हो जाएगा।"

अन्तर्दृष्टि

- धन का निर्माण मौद्रिक लेन–देन से अलग चीज है। यह मानवीय प्रयासों से सम्भव होता है।
- धन निमार्ण की प्रक्रिया में शीर्ष पर रहने वालों को उनके प्रयासों का पूरा पारिश्रमिक दिया जाना चाहिए।
- अगर किसी देश को धनी बनाना है, तो अधिक से अधिक समय, देश के कामों में निवेश करना चाहिए।

अध्याय दो

मूक दण्ड

आचार्य नीति

दण्ड दो प्रकार के होते हैं। पहले प्रकार में व्यक्ति को पता होता है कि उसे दण्ड दिया जा रहा है। दूसरे प्रकार में व्यक्ति को इसके बारे में पता नहीं होता। एक राजा को पता होना चाहिए कि उसे कब और कैसे, इन दोनों प्रकार के दण्ड प्रावधानों का उपयोग करना है।

दूसरे प्रकार के दण्ड को मौन दण्ड कहते हैं। बहुत कम लोग इसके बारे में जानते और समझते हैं। दरअसल चाणक्य के अनुसार, बेहतर होगा कि यह बात केवल उन्हीं लोगों को पता हो जो यह जानते हैं कि इसका सही प्रयोग कब करना है।

आचार्य कथा

एक दिन चाणक्य ने चन्द्रगुप्त को चिन्तित अवस्था में देखा।

"हे राजन! ऐसा क्या है जो तुम्हें चिन्ता में डाल रहा है।" आचार्य ने कहा

मैं अपने एक मन्त्री के बारे में सोच रहा था। वह बहुत घृष्ट होता जा रहा है और मुझे समझ नहीं आ रहा कि उसके साथ क्या करना चाहिए।"

"क्यों, क्या समस्या है? चाणक्य के लिए ऐसी कोई समस्या नहीं होती थी जिसका हल न हो सके।"

"आचार्य! यह मन्त्री मेरे गले का काँटा बन गया है जिसे न तो निगलते बनता है और न ही उगला जा सकता है। चाहे जो भी किया जाए, यह कष्ट देता रहता है। वह बहुत विश्वासपात्र और ईमानदार आदमी था इसलिए मैंने उसे पदोन्निती दी। उसके अच्छे कामों की वजह से उसे मन्त्री बना दिया और वह जल्दी ही मेरे सलाहकारों में शामिल हो गया।"

चाणक्य आश्चर्य में थे। "यह तो अच्छी बात है। परिश्रमी और उत्पादक लोगों को पुरस्कार मिलना ही चाहिए। तुमने जो भी किया, मुझे तो उसमें कोई बुराई नहीं दिखती।"

"आचार्य! सारी समस्या तो इसके बाद ही आरम्भ हुई। अब वह पहले जैसा आदमी नहीं रहा। वह बहुत ही आलसी और भ्रष्ट हो गया है।"

"अच्छा।" चाणक्य के लिए ऐसी परिस्थितियाँ नई नहीं थीं। "तो समस्या क्या है? तुमने उसे सत्ता और पद दिया था। उससे वापिस ले लो। तुम्हें कोई नहीं रोक सकता। तुम देश के राजा हो।"

"आचार्य, काश यह इतना सरल होता। अब यह व्यक्ति राज्य में अपना एक रुतबा रखता है। उसने हमारे देश के रहस्यों, सैन्य योजनाओं और मेरे निजी मामलों की भी गहरी जानकारी जमा कर ली है।। जब मुझे दूसरे मन्त्रियों से उसके लिए शिकायतें आने लगीं तो पहले–पहल मैंने अनसुना कर दिया पर जब बात बढ़ने लगी तो मैंने ध्यान दिया... और आप जानते हैं कि मुझे क्या पता चला?"

चन्द्रगुप्त के मुख पर पीड़ा और अविश्वास के भाव देखे जा सकते थे। "मैंने पाया कि जिस व्यक्ति को मैंने आदर्श मन्त्री जाना था, वही हर सम्भव तरीके से अपनी सत्ता का दुरुपयोग कर रहा था। इसने सरकारी धन का दुरुपयोग किया, स्त्रियों के प्रति बुरा व्यवहार दर्शाया और उसकी ओर से देशद्रोह के समाचार भी मिले। मैंने उसे साफ शब्दों में जता दिया कि मैं वह सब सहन नहीं करूँगा।"

यह सुन कर वह बोला, 'महाराज! अगर मुझे मेरे पद से हटाया तो मैं आपको छोड़ूँगा नहीं। मैं सारे राज आम जनता के सामने खोल दूँगा। आपके निजी दस्तावेज दुश्मनों तक पहुँच जाएँगे। आपको और आपके राज्य को मटियामेट होने में देर नहीं लगेगी।"

चन्द्रगुप्त को कुछ समझ नहीं आ रहा था। "आचार्य! मेरा तो दिमाग ही काम नहीं कर रहा।"

"उसे मार दो।"

"इस मामले में, तुम कुछ और नहीं कर सकते। तुम्हें उसे चुपचाप दण्ड देना होगा।"

चाणक्य ने कठोर शब्दों में कहा, "चन्द्रगुप्त! मुझे उन सब कामों की सूची दो, जो इस मन्त्री को करना पसन्द है।"

"इसे अच्छे भोजन और दावतों से प्रेम है। इसे शिकार खेलना भी भाता है।"

अगले ही दिन मन्त्री को पड़ोसी राज्य के दरबार से शिकार के लिए जाने का न्यौता आया। शाही भोज के साथ, बेहतर शिकार करने वाले के लिए भी पुरस्कार की व्यवस्था भी थी।

लालची और ओछे स्वभाव के मन्त्री के लिए ऐसे प्रस्ताव को टालना कठिन था। वह वन में शिकार के लिए गया और कभी वापिस नहीं आया। कुछ ही दिन बाद जब उसका शव मिला तो चाणक्य ने चन्द्रगुप्त से कहा

"नागरिकों से कहो कि तुमने अपना एक प्यारा मन्त्री, सलाहकार और दोस्त खो दिया। वह वन में जंगली जानवरों के हाथों मारा गया। किसी को तुम पर संदेह नहीं होगा और निश्‍चिंत रहना। उसके शव पर जानवरों के काटे के इतने निशान हैं कि किसी को शक नहीं हो सकता।"

इसके बाद उन्होंने कहा, "नागरिक सदा उसे एक ईमानदार के तौर पर जानेंगे। यह सच मेरे और तुम्हारे बीच रहेगा।"

चन्द्रगुप्त ने चैन की श्वास ली। चाणक्य ने उसकी समस्या हल कर दी थी।

अन्तर्दृष्टि

- पद और ताकत दोनों साथ–साथ चलते हैं। यहाँ तक कि ईमानदार और परिश्रमी भी उनका दुरुपयोग करने में सक्षम होते हैं।
- अगर एक उपाय काम न आए, तो दूसरा प्रयोग में लाएँ।
- आपके उपाय जो भी हों, अपने राज़ न खोलें, कुछ राज़ बने रहने चाहिए।

अध्याय तीन

जीवन का मूल्य

आचार्य नीति

मनुष्य का जन्म एक चमत्कार है। जीवन अपने आप में एक कीमती अवसर है जिसका भरपूर लाभ उठाते हुए, अपना उद्देश्य पूरा करना चाहिए और दूसरों की सेवा करनी चाहिए। परन्तु हममें से बहुत से लोग इसका सही प्रयोग करने की बजाए इसे नष्ट कर देते हैं। इस देह और मन के माध्यम से ही हम संसार में कितना कुछ पा सकते हैं और यह बहुत महत्व रखता है कि हम इस बात को समझें।

और यही वजह है कि आत्महत्या को सबसे बुरा माना जाता है। यह एक अमूल्य उपहार को नष्ट करने का सबसे भयंकर तरीका है। कई देशों में तो आत्महत्या करने को ही गैरकानूनी घोषित कर दिया गया है।

चाणक्य भी इस बात पर विश्वास रखते थे कि मनुष्य को अपनी देह के साथ खिलवाड़ नहीं करना चाहिए।

आचार्य कथा

एक दिन दरबार में राजा को बताया गया कि राज्य में आत्महत्या करने वालों की संख्या बढ़ती जा रही थी। उन्होंने तय किया कि मन्त्री परिषद में इस बारे में बात की जाए– चाणक्य से आग्रह किया गया कि वे भी उसमें भाग लें।

उनसे पहला प्रश्न किया गया, "इन आत्महत्याओं की वजह क्या है?"

"कुछ लोग आत्महत्या करते हैं क्योंकि उनके जीवन में धन का अभाव है और कुछ लोग इसलिए अपनी जान दे देते हैं क्योंकि उन्हें अपने विकास का कोई अवसर नहीं मिलता।"

"हम्म, यह तो गम्भीर मसला है। हमें आर्थिक विकास और नागरिकों के कल्याण पर ध्यान देना होगा। हम अर्थशास्त्रियों के दल को इस काम पर लगा

देते हैं, वे लोगों को आर्थिक तौर पर मजबूती देने वाली नीतियों को तैयार करेंगे। क्या इसके अलावा आत्महत्याओं के और कारण भी हैं?"

"नहीं, जहाँ तक हमारी जानकारी है।" चन्द्रगुप्त ने उत्तर दिया।

चाणक्य सोचने लगे, "और मेरा अनुमान है कि कुछ और कारण भी होंगे जो तुम्हें कभी बताए नहीं गए। जैसे जीवन से हार जाना, मानवीय प्रयास करना छोड़ देना या अपनी कमियों व कुन्ठाओं के लिए दूसरों को दोषी ठहराना आदि।" बदकिस्मती से चाणक्य ने जो भी कहा, वह सच ही था।

उन्होंने आगे कहा, "कई बार दूसरे भी कई बार हमारी कुंठा के जिम्मेदार होते हैं। परन्तु हालात से भागना किसी चीज का हल नहीं है। ये लोग अपने पीछे रह गए लोगों के बारे में सोचे बिना ही, एक पल में अपने प्राण दे देते हैं। कोई इतना गैर–जिम्मेदार कैसे हो सकता है?"

तब वे चन्द्रगुप्त से बोले, "हमें इस समस्या का हल करने के लिए कानून बनाना होगा। अगर कोई व्यक्ति आत्महत्या करता है तो उसका अन्तिम संस्कार नहीं किया जाएगा। उसके शव को बेनाम ही दफना दिया जाएगा।"

परिषद सकते में आ गई। वे सभी भगवान से डरने वाले, परम्परावादी लोग थे।

"परन्तु हर आत्मा को उचित विदा दी जानी चाहिए। हर किसी के पास परिजन होते हैं जो उसका अन्तिम संस्कार कर सकते हैं। हम अपनी संस्कृति के खिलाफ कैसे...?"

"परन्तु क्या आत्महत्या करना हमारी संस्कृति का अंग है। दरअसल वह व्यक्ति हमारी संस्कृति को समझा ही नहीं। हम अपनी नश्वर देह के माध्यम से उस अमरता या परमात्मा की ओर जाते हैं। इसे इस तरह गैरजिम्मेदार हो कर नष्ट करना अपने–आप में पाप है।"

मन्त्री और राजा अभी सन्तुष्ट नहीं हुए थे।

चाणक्य जानते थे कि यह उनका अकेले का निर्णय नहीं हो सकता इसलिए उन्होंने कहा, "चलिए, इसे लागू करते हैं। अगर यह नियम कारगर रहा तो ठीक वरना इसे बंद कर देंगे।" इस तरह कुछ समय के लिए कानून बना दिया गया। एक माह बाद नतीजों पर चर्चा के लिए बैठक हुई।

"आचार्य, यह नियम तो प्रभावी रहा। इसका बहुत असर देखने में

आया। यह बूँद ही हमें यह जानने के लिए बहुत है कि योजना काम कर रही है।"एक मन्त्री ने कहा।

"क्या हमने आत्महत्या के कारणों को संबोधित किया?" आचार्य इस बारे में भी स्पष्टीकरण चाहते थे।

"जैसा कि पहले भी चर्चा हुई थी, निर्धनों को उनका दाय नहीं मिल रहा था। ऐसे अनेक आर्थिक कारण थे जिनके लिए अब काम किया जा रहा है।" मन्त्री ने कहा

एक और मन्त्री ने कहा, "हमें अपने साथ ईमानदारी बरतनी होगी। और हमें पता चला कि हमारी आर्थिक नीतियों में बदलाव लाने वाला है। इस समय हम ठीक वहीं कर रहे हैं।"

एक और मन्त्री बोला, "तन्त्र में व्याप्त भ्रष्टाचार की वजह से भी लोगों को उनका दाय नहीं मिलता। हम इसे मिटाने के लिए भी काम कर रहे हैं।"

"इस नियम के लिए क्या प्रतिक्रिया रही।" चाणक्य जानना चाहते थे।

सभी हँसने लगे और बोले, "यह बहुत ही रोचक रही। लोगों को मौत से डर नहीं लगता। उन्हें इस बात का डर है कि मौत के बाद उनके शव की क्या दशा होगी। जब लोगों से कहा गया कि आत्महत्या करने वालों का विधिवत दाह संस्कार नहीं होगा तो उन्होंने आत्महत्या के बारे में सोचना ही बंद कर दिया।"

चाणक्य ने कहा, "कई बार किसी को जीवित रखने का एक उपाय यह भी होता है कि उसे बताया जाए, मौत ही अन्तिम हल नहीं है। अगर तुम्हारे पास जीने का एक भी कारण है, तो ऐसी बात के बारे में सोचना तक नहीं चाहिए।"

अन्तर्दृष्टि

- आत्महत्या सारे समाजों की समस्या है।
- कठिन हालात का सामना करना आना चाहिए। आत्महत्या बचाव का साधन नहीं है।
- लोगों को असली मौत से ज्यादा डर इस बात का है कि उनके शवों का क्या हश्र होगा। स्वयं को भौतिक संसार से अनासक्त रखें।

अध्याय चार

करों का भुगतान

आचार्य नीति

सरकार प्रत्यक्ष और अप्रत्यक्ष रूप से कर लेती है। परन्तु लोग कई वजह से कर देना पसन्द नहीं करते। कुछ लोग अपनी मेहनत की कमाई सरकार को नहीं देना चाहते। कुछ इसे दान करना चाहते हैं तो कुछ का मानना है कि सरकार भ्रष्ट है इसलिए उसे कर देने की कोई जरूरत नहीं है।

कारण जो भी हो, सच यही है, आप करों के भुगतान से बच नहीं सकते।

आचार्य कथा

एक बार दरबार में चाणक्य बोले

"सबसे पहला काम यही हो कि हमारी कर नीतियाँ लोगों के लिए मैत्रीपूर्ण हों।"

एक विशेषज्ञ ने कहा आचार्य, "हमारे लोग ईमानदारी से अपने कर नहीं भरते।"

"यही वजह है कि मैं कर नीतियों को लोगों के उपयुक्त बनाने की बात कर रहा हूँ। लोग स्वेच्छा से कर दें, ऐसा होना चाहिए।"

दूसरे व्यक्ति ने पूछा, "क्या कभी लोग प्रसन्नतापूर्वक कर देना चाहेंगे?"

सभी लोगों के चेहरे पर यही प्रश्न था। ऐसा भला कैसे सम्भव हो सकता था?

तब आचार्य ने उन्हें एक सुन्दर मिसाल दी।

"हमें कर उसी तरह जमा करना चाहिए जैसे मधुमक्खी शहद का संचय करती है। वह हर फूल से शहद लेती है पर उसे नष्ट नहीं करती। पहले यह

देखती है कि उसमें कितना मधु है फिर उसके अनुसार ही उसमें से मधु लेती हें फिर वह अगले फूल के पास जाती है और यही करती है इस तरह यह बिना किसी लोभ के, किसी भी फूल पर अतिरिक्त भार बने बिना, अपने लिए मधु का संचय कर लेती है। तो हमने इससे क्या सीखा?"

चन्द्रगुप्त ने कहा, "हमें सबसे थोड़ा धन लेना चाहिए। इससे वे प्रसन्न रहेंगे।"

चाणक्य अभी सन्तुष्ट नहीं थे। "हाँ, मधुमक्खी को अपने शहद से प्रसन्नता होती है परन्तु फूल का क्या होता है?"

सभी एक–दूसरे को देखने लगे। पुष्प को क्या लाभ हो सकता था? मधुमक्खी उसी तरह शहद जमा करती है जैसे सरकार कर जमा करती है।

"पुष्प को भी लाभ होता है। पुष्प में प्रजनन के लिए ही परागकण होते हैं। उन्हें दूसरे पुष्पों तक ले जाना होता है और पुष्प स्वयं नहीं जा सकते इसलिए उन्हें वाहक की आवश्यकता होती है।"

परिषद को बात समझ आने लगी। मधुमक्खी उन परागकणों को एक से दूसरे पुष्प तक ले जाने का कार्य करती है।

"इस हालात में दोनों ही पक्षों को लाभ हो रहा है। दोनों ही उत्तरजीविता के लिए एक–दूसरे पर आश्रित हैं। यह एक सहजीवी सम्बन्ध है।"

"आचार्य, हम इसे अपनी कर नीतियों पर कैसे लागू कर सकते हैं। "चन्द्रगुप्त ने कहा–

"पहले हमें धनी नागरिकों को लेना होगा। वे धनी और उत्पादक होने के नाते देश के लिए सम्पदा का निर्माण करते हैं। हमें ऐसे कर लेना चाहिए कि उन्हें हानि न हो। हम जो भी कर लें, उन्हें धन उत्पन्न करने के उतने ही अधिक अवसर प्रदान करें। इस तरह वे प्रसन्न रहेंगे।"

"निर्धनों के लिए क्या करें?" राजा ने जानना चाहा

हमें यह देखना होगा कि वे इतने उत्पादक हों कि अपने करों का भुगतान कर सकें। कोई भी व्यक्ति गरीबी में मरना नहीं चाहता। हमें उसे सम्पदा निर्माण के लिए अवसर देना होगा। जब उसके पास धन हो तो उससे उपयुक्त मात्रा में कर लिया जाए। अगर सभी कर देंगे तो भले ही वे धनी न हों परन्तु धनी होने का लक्ष्य अवश्य रखेंगे। हमें मधुमक्खी की तरह

बनना है ताकि दोनों पक्षों को बराबर का लाभ हो।"

परिषद में सभी चाणक्य की बात को ध्यान से सुन रहे थे। एक आखिरी बात, "हमें यह देखना होगा कि कर का भुगतान करने वालों को उचित सम्मान और पुरस्कार मिले। हमें समय–समय पर उन्हें दिखाना होगा कि उनके धन से लोगों का कल्याण हो रहा है ताकि उन्हें अपने भुगतानों के लिए कोई अफसोस न हो।"

अन्तर्दृष्टि

- कोई भी करों का भुगतान करना पसन्द नहीं करता। परन्तु अगर लोगों को इसके लाभ पता हों तो वे इसे निश्चित रूप से करना चाहेंगे।
- सरकार को ऐसी कर नीति बनानी चाहिए जिससे दोनों पक्षों को लाभ हो। उसे ऐसे अवसर पैदा करने चाहिए कि लोग कर देने योग्य हो सकें।
- उच्चतम कर भुगतान करने वाले को मान देने से लोगों को कर देने की प्रेरणा मिलेगी और वे समाज में सराहे जाएँगे।

अध्याय पाँच

पैसे वसूल करना

आचार्य नीति

जब व्यक्ति के पास धन न हो तो उसे क्या करना चाहिए?

अक्सर सरकार या व्यक्ति को नियमित तौर पर इस समस्या का सामना करना होता है?

हमारे बेहतर प्रयासों और नियोजन के बावजूद, कई बार हम ऐसी परिस्थितियों में घिर जाते हैं जो हमें बुरी तरह से तोड़ देती हैं। ऐसे हालात में हमें कोई हल नहीं सूझता।

परन्तु चाणक्य जैसे व्यक्ति के पास हर समस्या का हल मौजूद था। बस हमें देखने की जरूरत होती थी।

आचार्य कथा

वित्त मन्त्री ने चन्द्रगुप्त से कहा, "महाराज राज्य के कुछ हिस्सों में सूखा पड़ा है। हमें क्या करना चाहिए?"

"हमारे भन्डारगृहों में क्या है?" चन्द्रगुप्त ने पूछा

"ज्यादा नहीं है। हमने इस साल बारिश न होने की वजह से अधिक कर नहीं वसूले। हमारा राशन दो सप्ताह से ज्यादा नहीं चलेगा। वेतन देने हैं, महल की मरम्मत होनी है और बहुत सारी परियोजनाएँ चल रही हैं और हर काम के लिए धन चाहिए।"

"इसके अलावा, हमें सूखा पीड़ित लोगों को राहत राशि भी देनी होगी।"

"अब हम क्या कर सकते हैं?"

इस चर्चा के दौरान ही चाणक्य कक्ष में आ गए। उनके पास तो हर

समस्या का हल रहता था। आज भी उनके पास जवाब था।

"हमें चुपचाप पैसा वसूलने की नीति लागू करनी होगी। चाणक्य की इस नीति के बारे में बहुत लोग नहीं जानते थे क्योंकि उन्होंने कभी इसके बारे में किसी को जानकारी नहीं दी थी। परन्तु उस दिन समय आ गया था कि नीति को कार्यरूप दिया जाए।"

"सरकार को जनता से बहुत सारा पैसा वसूलना है। परन्तु सन्कट के समय में रहस्यपूर्ण तरीकों से ही पैसा वसूलना चाहिए, यही काम पूरी गति और प्रभाव के साथ हो सकता है।"

"आचार्य, ऐसा कैसे कर सकते हैं?"

"कुछ लोग सरकारी विभाग में ऐसे होते हैं जो ऐसे ही अवसरों पर काम आते हैं। वे सरकार के लिए काम करते हैं परन्तु जब तक उन्हें कोई काम न दिया जाए, वे आगे नहीं आते। वे हमारे मूक योद्धा हैं। वे हमारे लिए लड़ने को तैयार हैं परन्तु हम तब तक उनका प्रयोग नहीं करते, जब तक हमारे पास कोई और विकल्प मौजूद होता है।"

चाणक्य ने चन्द्रगुप्त से कहा कि वह बाद में, उनसे अकेले में भेंट करे। जब चन्द्रगुप्त रात को उनसे मिलने गया तो वहाँ तीन लोग और मौजूद थे। चाणक्य उनसे कुछ प्रश्न कर रहे थे। उन्होंने उन तीनों को बाहर भेज दिया और अपने शिष्य से कहा

"मैंने कई मुखबिरों को काम पर लगा दिया है। ये तीनों बेहतरीन है। ये जानते हैं कि थोड़े ही समय में सरकारी खजाने कैसे भरे जा सकते हैं।"

राजा को अब भी कुछ समझ नहीं आ रहा था परन्तु वह प्रतीक्षा करने को तैयार था।

"मैं जल्द ही उनसे अकेले भेंट कर, उनके निजी लक्ष्य और रणनीतियाँ सौंप दूँगा।" चाणक्य बोले

चन्द्रगुप्त भी वहीं रुके और चाणक्य ने ऐसा ही किया। पहले व्यक्ति व्यापारी समुदाय में काम करता था। चाणक्य ने कहा, "हमें अकाल का सामना करने के लिए भरपूर अनाज कहाँ मिल सकता है?"

"आचार्य! ये उन बीस अनाज व्यापारियों की सूची है जिन्होंने चोरी से किसानों की उपज अपने निजी भन्डार गृहों में छिपा रखी है। ये बहुत चालाक हैं और सरकारी कर्मचारियों को भी रिश्वत देते हैं। अब अकाल के बदतर हालात के बीच ये अनाज को कई गुना दामों में बेच रहे हैं।"

चाणक्य ने एक पल के लिए सोचा व कहा, "मैं तुम्हें बीस सिपाही और तीन सरकारी अधिकारी देता हूँ। जाओ जा कर छापा मारो और यह देखो कि बाहर किसी को पता न चले। सारा अनाज अपने काबू में करो। जब छापा पूरा हो जाए तो सारा अनाज तीन दिन में सरकारी भन्डार में आ जाना चाहिए।"

यह सुन कर वह व्यक्ति बाहर निकल गया।

इसके बाद आचार्य ने अगले व्यक्ति से पूछा, "जमीनदारों का काम कैसा चल रहा है?"

इस उत्तर को सुन चन्द्रगुप्त स्तब्ध रह गया।

"आचार्य, उनका काम फल–फूल रहा है। जब लोग वित्तीय तनाव झेल रहे हों तो ये लोग तिगुनी ब्याज दर के साथ उधार देते हैं। वे लोगों को मूर्ख बनाते हैं। ऐसे लगभग सौ लोग होंगे।"

चाणक्य इनसे निबटने में समय नहीं लगाना चाहते थे। वे चाहते थे कि जल्द से जल्दी सरकारी कोष में धन आ जाए।

"ठीक है, मैं एक बहादुर देहाती छोकरे को जानता हूँ। उसे तीन प्रमुख जमीनदार दिखा दो। वह उन्हें मार देगा। जब यह काम हो जाए तो चारों ओर खबर फैला देना। इन अपराधियों को सबक सिखाना होगा। मौत के डर से ये लोग अपने–आप पैसा ले कर आएँगे और हमसे सुरक्षा की माँग करेंगे।"

इसके बाद तीसरे आदमी की बारी आई। उसे देख कर आचार्य ने कहा, "यह मेरा सबसे खास आदमी है। इसके पास भ्रष्ट सरकारी लोगों की सूची है।"

"इनके नाम कब पता चलेंगे।"

"तुम्हें इनके पास निजी तौर पर जाना चाहिए। इन्हें दण्ड का भय दो। ये अपनी नौकरी जाने के भय से वह सब एक पल में दे देंगे, जो तुमने इनसे लेना चाहोगे।"

चाणक्य की योजना कारगर रही। कुछ ही समय बाद वर्षा हुई। राज्य के हालात सुधरने लगे परन्तु तब तक गुरु के सिखाए सबक के साथ चन्द्रगुप्त ने प्राकृतिक आपादाओं से निपटना सीख लिया था।

अन्तर्दृष्टि

- किसी भी परिस्थिति को सन्कट नहीं समझना चाहिए। शान्त मन के साथ किसी भी समस्या को हल किया जा सकता है।
- एक औपचारिक और एक अनौपचारिक अर्थव्यस्था होती है। जब औपचारिक अर्थव्यवस्था की प्रगति होती है, तो नेता को अनौपचारिक अर्थव्यवस्था के लिए भी अपनी आँखें और कान खुले रखने चाहिए।
- आपके अपने लोग हर जटिल समस्या के लिए, आपको आन्तरिक हल दे सकते हैं, अपने मुखबिरों का सावधानी से इस्तेमाल करें।

अध्याय छह

महिला सशक्तिकरण

आचार्य नीति

कोई सोच सकता है कि चाणक्य के समय में महिला सशक्तिकरण का क्या काम था, यह तो आधुनिक विचार है। हालाँकि हमारे प्राचीन ग्रंथों में भी, महिला सशक्तिकरण के अनेक सन्दर्भ मिलते हैं। किसी भी देश के विकास के लिए आवश्यक है कि महिलाओं को शिक्षित कर, रोजगार दिया जाए।

हमारा देश महिलाओं की शक्ति का सम्मान करता है। वे उन्हें शक्ति कहते हैं। चाणक्य भारत के उन विचारकों में से थे जिन्होंने महिलाओं को ऐसे काम करने को प्रोत्साहित किया जिसमें उन्हें भुगतान मिल सके। आज भी हमें अपने उसी समृद्ध अतीत को जीवित करना है।

आचार्य कथा

चाणक्य महाराज के साथ राज्य के मामलों पर चर्चा कर रहे थे।

"हमें महिलाओं की दशा के बारे में कुछ करना चाहिए।" चिन्तित गुरु ने कहा।

"क्यों आचार्य? क्या समस्या है? हम महिलाओं का आदर करते हैं और वे राज्य में सुरक्षित है। आपकी चिन्ता का कारण क्या है?"

चाणक्य ने उत्तर दिया, "हम, समाज में महिलाओं की स्थिति अच्छी है पर मैं इसे और बेहतर बनाना चाहता हूँ। हमने महिलाओं को सम्मान तो दिया है परन्तु मैं चाहता हूँ कि उन्हें उनके काम के लिए पारिश्रमिक भी दिया जाए।"

ऐसा लगा कि महाराज को कुछ समझ नहीं आया पर चाणक्य को अपनी बात

समझाने के कई उपाय आते थे। वे बोले–

मुझे बताओ कि तुम किस महिला का सबसे अधिक आदर करते हो?"

"मेरी माता!" महाराज ने झट से उत्तर दिया।

तुम उन्हें कितना धन देते हो?"

"उन्हें धन? आचार्य! वे राजमाता हैं। उन्हें पैसा नहीं चाहिए, सब कुछ उनके हुकुम तले है।" पुत्र ने गर्व से कहा।

चाणक्य हँसने लगे व बोले, "और तुम कहते हो कि महिलाएँ सशक्त हैं? राजामाता के पास पद या सत्ता ही नहीं होनी चाहिए। उनके पास वित्तीय स्वतन्त्रता भी होनी चाहिए।"

चन्द्रगुप्त ने हामी भरी और मन ही मन विचार करने लगे।

चाणक्य जानना चाहते थे, "अपनी रानियों के बारे में बताओ।"

"मेरी रानियाँ, आचार्य! उन्हें भी धन की आवश्यकता नहीं। उनके पास तो संसार का हर सुख है।"

"हमारी संस्कृति में, नारियों को देवी लक्ष्मी का रूप माना जाता है – वे तो धन और सम्पन्नता की देवी हैं। हालाँकि यह स्तर केवल शब्दों तक सीमित है, इसका व्यावहारिक तौर पर भी प्रयोग होना चाहिए।"

इसके बाद चाणक्य ने अपनी योजना बताते हुए कहा, "अगली बार राज्य के कर्मचारियों को वेतन देते हुए दो लोगों का नाम शामिल करना। राजमाता और पटरानी। विश्वास करो, इस निर्णय का गहरा असर होगा।"

चन्द्रगुप्त मान गए पर मन में अब भी हिचक थी, उन दोनों को क्यों? केवल एक को ही क्यों नहीं? उतना ही पर्याप्त होगा?

आचार्य मुस्कुरा कर बोले, "अगर केवल एक महिला को दोगे तो दूसरी को कैसा लगेगा? एक ने जन्म दे कर पाला–पोसा और संसार का सामना करने को तैयार किया। दूसरी अपना घर–बार छोड़ कर, हर सुख–दुख में साथ निभाती है। केवल एक को सहयोग देना ठीक नहीं होगा। तुम्हें दोनों को एक समान सशक्त बनाना होगा।

चन्द्रगुप्त मान गए और उस माह राजमाता और उसकी पत्नी अपने लिए वेतन धनराशि देख कर चौंक गईं। चाणक्य इस प्रस्ताव से पूर्व, दोनों

में से किसी ने भी अपनी सामर्थ्य को नहीं जाना था।

"तो उन्हें कैसा लगा?" चाणक्य ने महाराज से पूछा

मैंने उन्हें इतना प्रसन्न कभी नहीं देखा। आपका उपाय कारगर रहा।"

परन्तु चाणक्य अभी सन्तुष्ट नहीं थे।

"केवल धन ही उनकी प्रसन्नता का कारण नहीं है। वे दोनों तुम्हें निःशुल्क परामर्श देती हैं। वे अक्सर योजनाओं को अपने नजरिए से पेश करती हैं। परन्तु हम केवल मन्त्रियों को भुगतान करते हैं और उस सेवा के बदले उन्हें कोई धनराशि नहीं देते। एक स्त्री का दिमाग किसी भी समस्या को नए आयाम देता है। परन्तु हम परवाह नहीं करते। कई बार उन्हें विमर्श से दूर भी कर दिया जाता है। वह केवल रसोई में योगदान दे सकती है, यह केवल मिथक है। एक स्त्री एक सम्पूर्ण व्यक्तित्व है – वह अपना दिमाग और सहज बुद्धि रखती है।"

यह सुन कर चन्द्रगुप्त राज्य के मामलों में अपने माता और पत्नी की राय लेने लगे। सोच और सम्पन्नता के स्तर पर आने वाले इस बदलाव से राज्य को भी लाभ हुआ। दरअसल अगली भेंट में चन्द्रगुप्त और भी कुछ जानना चाहते था। आचार्य, "हम महिलाओं को सशक्त बनाने के लिए और क्या कर सकते हैं?"

"हमें ऐसा कोई उद्योग खोलना चाहिए जहाँ महिलाएँ काम करते हुए, अर्थव्यवस्था में अपना सहयोग दे सकें। "अध्यापक ने कहा।

एक वरिष्ठ अर्थशास्त्र ने कहा, "हम कपड़ा उद्योग को बढ़ाने के बारे में सोच रहे हैं। हमें देखना चाहिए अपने परिवारों को सहयोग देने वाली बूढ़ी, जवान और विधवा औरतों को काम मिल सके। इसके साथ ही उनकी सुरक्षा का भी पूरा प्रबन्ध हो सके। कोई भी उनका नाजायज लाभ न उठा सके।"

इसके बाद उन्होंने स्वयं से कहा, 'हमारा नारी समाज ही हमें प्रगति के पथ पर ले जाएगा।'

अन्तर्दृष्टि

- काम के बदले भुगतान भी सम्मान का रूप है। समान काम के लिए समान भुगतान, स्त्रियों और पुरुषों के लिए अनिवार्य है।
- औरतें अक्सर हर चीज को अलग नजरिए से देखती हैं – रणनीति और राजनीति को भी, उनके योगदान को भी मान दिया जाना चाहिए।
- कामगार महिलाओं को सुरक्षा का माहौल मिलना चाहिए, उन्हें विपरीत परिस्थितियों में काम न करना पड़े।

अध्याय सात

एक अध्यापक का पुत्र

आचार्य नीति

अध्यापक समाज में आदर और सम्मान के पात्र होते हैं और उनकी सन्तान होना अपने–आप में किसी वरदान से कम नहीं है। घर में निरन्तर सीखने के माहौल के साथ बच्चा बहुत कुछ सीखता है। भले ही उसे प्रत्यक्ष तौर पर कुछ न सिखाया जा रहा हो।

चणक पुत्र होने के नाते, चाणक्य को यह लाभ मिला। उनके पिता बहुत विद्वान अध्यापक थे। अर्थशास्त्र और राजनीति विज्ञान के विशेषज्ञ चणक एक महान चिन्तक और प्रेरक थे, वे अपने छात्रों के लिए ही नहीं बल्कि अपने साथियों के लिए भी प्रेरणा के स्त्रोत थे। चाणक्य ने भी अपने पिता के पदचिन्हों का अनुसरण किया।

चाणक्य बहुत पहले विश्वविद्यालय में पढ़ा चुके थे। नियति और दैवीय सत्ता ने चाणक्य को देश के निर्माण का काम सौंपा। जिसकी सफलता और प्रभाव आने वाली पीढ़ियों तक रहा। वे कल्पना तक नहीं कर सकते थे कि वे किस तरह युग पुरुष बन जाएँगे और सभी उनकी चर्चा करेंगे। उन्होंने सिकन्दर को हराया, चन्द्रगुप्त को भारतवर्ष का सम्राट बनाया। उनके बनाए कानून और नीतियों ने देश को लंबे समय तक ताकतवर बनाए रखा। परन्तु जल्दी ही उनकी सेवानिवृत्ति का समय आ गया।

आचार्य कथा

चाणक्य बैठे अपने जीवन पर विचार कर रहे थे, यह इतना सरल नहीं रहा था। उनका जीवन काँटों से भरा रहा, उन्होंने अपने लिए ऐसी राह चुनी जहाँ कोई नहीं चला था। अब उन्हें लगता था कि उनका काम समाप्त हुआ और चन्द्रगुप्त को अपने प्रमुख सलाहकार के तौर पर किसी और को नियुक्त करना

चाहिए। वैसे वे सलाह देने के लिए मौजूद रहेंगे पर पूरा दिन काम नहीं करना चाहते थे। उन्होंने तय किया कि उस पद पर किसी उपयुक्त व्यक्ति को बिठाया जाए।

उन्होंने चोरी से तलाश आरम्भ की पर लोगों के बीच बात फैल गई कि आचार्य अपने स्थान पर किसी और को नियुक्त करना चाहते हैं। चन्द्रगुप्त को पता चला तो वह अपने गुरु से मिलने गए।

"आचार्य! यह क्या सुन रहा हूँ? क्या यह सच है कि आप सेवानिवृत्त होने जा रहे हैं?"

चाणक्य झूठ नहीं बोलना चाहते थे। "मैं इस बारे में कई दिनों से सोच रहा था। मेरा काम हो चुका है। तुम अब सशक्त और सक्षम राजा हो और तुम्हारे मार्गदर्शन के लिए बहुत से लोग उपलब्ध हैं। मेरे लिए अपनी कक्षा में वापिस जाने का समय हो गया है।"

चन्द्रगुप्त उनके पैरों पर गिर पड़ा, "आचार्य! मैं आपके बिना शासन कैसे चला सकता हूँ। मुझे हमेशा आपके मार्गदर्शन की जरूरत होगी। यह कैसे पता लगेगा कि मेरा निर्णय यही है या गलत। नहीं आचार्य, आप नहीं जा सकते। मुझे आपकी जरूरत है। इस देश को आपकी जरूरत है।"

परन्तु चाणक्य ने अपनी गर्दन हिला दी।

"चन्द्रगुप्त! मुझे पता है कि तुम तैयार हो पर तुम्हें याद है, कुछ समय पहले अपने सलाहकारों के भुलावे में आ कर, तुमने मेरे पास आना छोड़ दिया था। तब तुम तैयार नहीं थे इसलिए मैं तुम्हारे पास आ गया था। आज बात दूसरी है। भले ही तुम्हें न लगे पर तुम पूरी तरह से तैयार हो और अपने पैरों पर खड़े हो। मेरे पुत्र, मुझे तुम पर गर्व है। ईश्वर करे तुम लंबा और प्रचुर राज करो।" चाणक्य चन्द्रगुप्त को वहीं छोड़ कक्ष से बाहर चले गए।

परन्तु अब भी महल से विदा लेने के लिए उचित समय की प्रतीक्षा थी। उस रात चाणक्य को सपने में अपने पिता दिखे। वे अपने पुत्र से बोले, "पुत्र, मुझे तुम पर गर्व है। मैं जाने कब से शक्तिशाली और सम्पन्न भारत देखने को तरस रहा था पर अपने जीते जी नहीं देख सका।"

"तुमने मेरा सपना सच कर दिया। मैं चाहता था कि तुम इस देश को भौतिक सम्पदा ही नहीं, आध्यात्मिक सम्पदा से भी मालामाल कर दो।

तुमने वह इच्छा भी पूर्ण की।"

जब चाणक्य जागे तो अचानक जैसे जीवन का उद्देश्य समझ आ गया। उन्होंने सोचा, "पिता श्री, अगर आपका सपना सच करने के लिए कुछ भी करना पड़े, तो मैं स्वयं को भाग्यशाली मानूँगा।"

चाणक्य आधी रात को महल से उठ कर, अपने आश्रम में आ गए। उनके जैसे अध्यापक के लिए वही उचित स्थान था। उन्हें जो सबसे बेहतर काम करना था, वह अभी होना शेष था।

अन्तर्दृष्टि

- अध्यापक केवल पढ़ाते ही नहीं, वे लाखों लोगों का भाग्य भी सँवारते हैं।
- जीवन का उद्देश्य पूरा होने के बाद मनुष्य के उच्चतम उद्देश्य पर ध्यान देना चाहिए।
- यह पता होना चाहिए कि त्याग करने का समय आ गया है। गतिविधि से विरक्ति उच्चतर आध्यात्मिक उद्देश्य की पूर्ति करती है।

अध्याय आठ

अपने अनुभवों को दर्ज करना

आचार्य नीति

जीवन हमें बहुत सी बातें सिखाता है। परन्तु सवाल यह है कि हम इन सीखे हुए पाठों का क्या करते हैं?

हम केवल यही महत्वपूर्ण काम कर सकते हैं कि अपने अनुभवों को उनके साथ बाँटें जिनके लिए ये लाभदायक हो सकते हैं। हमारे अच्छे और बुरे, सभी अनुभव बहुत मूल्य रखते हैं और अनुभव और विवेक के साथ समाज के लिए एक सम्पत्ति बन सकते हैं।

आचार्य कथा

चाणक्य ने दरबार त्याग दिया परन्तु फिर भी वे खाली नहीं बैठे। वे अपने वन के गुरुकुल में चिन्तन, मनन और भावी पीढ़ी के अध्यापन में मग्न रहे।

एक दिन, दूसरे गुरुकुल से एक साथी मिलने आए। जब वे आपस में बातचीत कर रहे थे तो चाणक्य ने उनसे कहा, "मैंने अपने जीवन में सबसे अच्छे और बुरे दौर देखे हैं—कुछ मैं देखना चाहता था और कुछ मैं नहीं देखना चाहता था।"

उनके मित्र ने पूछा, "तो अब आप अपने अनुभव के साथ क्या करने की योजना रखते हैं?"

चाणक्य कुछ सोच कर बोले, "मेरे पास एक योजना है।"

एक योजना, मित्र के मन में भी कौतूहल जागा।

"मैं अपने अनुभवों को दर्ज करने जा रहा हूँ। मैं अपना अर्थशास्त्र— 'कौटिल्य का अर्थशास्त्र' लिखूँगा।"

चाणक्य के मित्र को उनकी कही बात का महत्व समझ आ गया।

"यह संसार सीखने के लिए पाठशाला है। हम अपने अनुभवों और दूसरों से मिली सीख के आधार पर आगे बढ़ते हैं। यह हमारा नैतिक कर्तव्य बनता है कि अपने ज्ञान का प्रसार करें।"

"मैंने अपना सारा जीवन राजनीति के बीच बिताया। यह मेरा पेशा और जुनून दोनों ही रहा। मेरा जन्म राजनीति विज्ञान के अध्यापक के घर हुआ, मैंने तक्षशिला से राजनीति विज्ञान की शिक्षा पाई, चन्द्रगुप्त के दरबार में इसका अभ्यास किया और अब मैं इसका लेखन करने जा रहा हूँ।"

चाणक्य की अगली सोच बिल्कुल तर्कपूर्ण थी। राजनीति विज्ञान के विषय पर उनसे बेहतर लेखन और कौन कर सकता था?

"अर्थशास्त्र राजनीति का सर्वश्रेष्ठ ज्ञान है। अनेक आचार्यों व अध्यापकों ने इस विषय पर अपना लेखन किया है। मैंने उन सबको पढ़ कर उनके सार को ग्रहण किया है। अर्थशास्त्र के अनेक भूतपूर्व गुरुओं ने इस विषय पर अपनी समझ और अनुभव के अनुसार लिखा है। शुक्र, बृहस्पति, उष्ण, मनु व यहाँ तक कि महाभारत में कृष्ण और भीष्म ने भी राजनीति पर विस्तार से चर्चा की है। राजनीति विज्ञान के क्षेत्र में उनका योगदान, छात्रों की भावी पीढ़ी के लिए महत्वपूर्ण रहेगा।"

एक क्षण के बाद चाणक्य ने आगे कहा, "परन्तु इनमें से प्रत्येक अर्थशास्त्र, निश्चित पीढ़ी और उसकी चुनौतियों के आधार पर लिखा गया। उनमें से अनेक आज भी प्रासंगिक हैं, परन्तु कुछ अभ्यास चलन से बाहर हो गए हैं। मैं उन शिक्षाओं को हमारी पीढ़ी के अनुसार संशोधित करना चाहता हूँ इसलिए मैं अपना अर्थशास्त्र लिखूँगा।"

"विष्णुगुप्त! यह तो बहुत अच्छी योजना है। तुम इसे लिखो, मैं अपने छात्रों को इसे पढ़ाऊँगा। तुम्हारा लेखन प्रशासन के क्षेत्र में एक महत्वपूर्ण योगदान होगा। तुम्हारा ग्रंथ सूचना और ज्ञान से भरपूर होगा और मुझे पूरा विश्वास है कि यह शाश्वत ग्रंथ सबके लिए अमूल्य होगा।"

जल्दी ही चाणक्य काम पर लग गए। उनका अधिकतर समय पुराने अर्थशास्त्रों को पढ़ने और उनमें से टिप्पणी बनाने में निकलता। उन्होंने अपने काम को पन्द्रह किताबों और 150 अध्यायों में विभाजित किया। जब उन्होंने अपना ग्रंथ समाप्त किया तो उसमें 6000 सूत्र थे। कौटिल्य के अर्थशास्त्र का पहला सूत्र निम्नलिखित है :

"राजनीति विज्ञान पर लिखे गए इस ग्रंथ को, राजनीति विज्ञान पर लिखे गए अनेक ग्रंथों की शिक्षाओं को समाहित करते हुए प्रस्तुत किया गया है, जिन्हें प्राचीन आचार्यों द्वारा धरती के प्राप्ति व सरंक्षण के लिए बनाया गया...

वे आगे लिखते हैं,

"सीखने और समझने में सरल, संक्षिप्त सिद्धान्तों व सटीक अर्थों सहित, पाठ्य की शब्द बहुलता से परे इस ग्रंथ को कौटिल्य द्वारा लिखा गया... ।"

कौटिल्य के अर्थशास्त्र में 180 से अधिक विषयों पर चर्चा की गई है जैसे राजा और मन्त्रियों का चुनाव कैसे हो, कर संग्रह, कानून और व्यवस्था, न्यायधीशों के कर्तव्य, सार्वजनिक प्रशासन, अपराधियों का उन्मूलन, प्रजा के लिए कल्याण के उपाय आदि।

चाणक्य अन्त में लिखते हैं, "यह विज्ञान यदि अपनाया जाए तो यह आध्यात्मिक कल्याण को उन्नत करते हुए, भौतिक सम्पदा व सुखों में वृद्धि करता है और आध्यात्मिक बुराई, भौतिक हानि और घृणा आदि का नाश करता है... ।"

"वैज्ञानिक ग्रंथों के भाष्यों में व्याख्या की भूलों को देखते हुए, विष्णुगुप्त ने स्वयं ही सूत्रों तथा भाष्य की रचना की है।"

यह सत्य है कि यदि चाणक्य ने अर्थशास्त्र की रचना न की होती तो हम ज्ञान के इस असीम भन्डार को पाने से वंचित रह जाते।

अन्तर्दृष्टि

- प्रत्येक व्यक्ति के पास अपने काम के क्षेत्र में अमूल्य अनुभव होता है। यह बहुत महत्व रखता है कि वे अपने अनुभव को दूसरों के बीच बाँटें।
- अपने अनुभव को लिखना सबसे बेहतर उपाय है। इस तरह यह कई दूसरे लोगों के लिए प्रेरणा का स्त्रोत हो सकता है।
- अपने क्षेत्र के विशेषज्ञों के काम का अध्ययन करें। और फिर अपने अनुभव से उसका मेल करें। अन्त में विषय की समझ के अनुसार लिखें।

अध्याय नौ

अच्छे प्रशासन का रहस्य

आचार्य नीति

एक अध्यापक अपने छात्रों के बिना कुछ नहीं है? छात्र सदा अच्छे अध्यापकों की खोज में रहते हैं। प्रायः वे विख्यात गुरु से शिक्षा पाना चाहते हैं। परन्तु अपने उल्लेखनीय छात्रों के कारण ही किसी गुरु को प्रसिद्धी प्राप्त होती है।

आचार्य कथा

समय के साथ, चाणक्य का नाम दूर–दूर तक प्रसारित हो गया। उनके छात्र देश के अलग–अलग हिस्सों में आते थे, और उनमें से कुछ तो विदेशी भी थे।

इसे अतिरिक्त, शैक्षिक दायरे में अर्थशास्त्र की लोकप्रियता बढ़ रही थी। इसे अच्छे प्रशासन का प्रतीक माना जाने लगा था।

एक दिन, ग्रीक में राजनीति विज्ञान के कुछ छात्रों को भारत नामक सम्पन्न और धनी देश भारत के बारे में पता चला। वे इसकी सम्पन्नता का रहस्य जानना चाहते थे ताकि उसे अपने देश में भी लागू कर सकें। उन्होंने तय किया कि वे स्वयं भारत आ कर देखेंगे।

उन्हें देश के विकास में चाणक्य की भूमिका के बारे में पता नहीं था। जब उनका आगमन हुआ, तो वह ये देख कर दंग रह गए कि उन्होंने जो सुना था, देश तो उससे भी कहीं अधिक सम्पन्न था। उन्होंने सारे देश की यात्रा की और चारों ओर वही प्रचुरता दिखाई दी। उनके लिए यह संसार नया और अनूठा था।

एक बार बाजार में, उन्होंने एक व्यक्ति से पूछा, "यह देश इतना

सम्पन्न और धनी क्यों है?

उस व्यक्ति ने सिर झुकाते हुए आभार सहित उत्तर दिया, "यह सब हमारे महाराज चन्द्रगुप्त की देन है। हमारे देश की आध्यात्मिक और आर्थिक नीतियाँ बहुत मजबूत हैं। हम सभी कड़ा परिश्रम करते हैं और उसका फल पाते हैं। सब कुछ न्याय के अधीन है।"

उन छात्रों ने महाराज से मिलने का निश्चय किया। अगले ही दिन वे राजधानी के लिए रवाना हो गए।

महल अपनी पूरी भव्यता के साथ शोभायमान था। कई तरह के भोजन परोसे गए जो उनकी कल्पना से भी परे थे। वे महाराज की प्रशंसा करने लगे, "हे राजन, आपके आतिथ्य के लिए आभार। हम आपकी मेजबानी देख कर दंग रह गए हैं।"

चन्द्रगुप्त ने कहा, "हमारे देश में अतिथि का भगवान की तरह स्वागत किया जाता है। "अतिथि देवो भव!"

अब वे लोग वह बात जानना चाहते थे जिसके लिए वे आए थे। उनके पेट भरे हुए थे और अब वे ज्ञान का पिटारा भरना चाहते थे। उन्होंने यह प्रश्न राजा से ही किया।

"आपकी प्रजा प्रसन्न है और आपका गुणगान करती है। आप राज्य का इतना अच्छा संचालन कैसे करते हैं?"

चन्द्रगुप्त ने हँस कर कहा, "आपने बात को समझा नहीं। आपसे किसने कहा कि मैं देश का शासन चलाता हूँ?"

वे लोग एक–दूसरे को देखने लगे। उन्हें कोई जवाब नहीं सूझ रहा था।

"दरअसल, इस राज्य का संचालन मैं नहीं, मेरे गुरु करते हैं। यही असली रहस्य है, जो आम प्रजा नहीं जानती।"

वे सुन कर हैरान हो गए। एक अध्यापक राज्य कैसे चला सकता है? यह तो राजा का काम नहीं होता?

छात्र इसी भय से चुप रहे कि कहीं वे भारतीय सभ्यता और संस्कृति को अपमानित न कर दें।

"आपके गुरु कौन हैं? क्या हम उनसे भेंट कर सकते हैं?"

महाराज ने कहा, "क्यों नहीं, उन्हें तो ज्ञान की खोज करने वाले शिष्यों से मिल कर बहुत अच्छा लगता है।"

"कल सुबह, आपको मेरे दरबान उनके वन में स्थित आश्रम तक छोड़ आएँगे।"

यह बात भी किसी आश्चर्य से कम नहीं था। राज्य में सबसे शक्तिशाली व्यक्ति राजा नहीं था और वह वन में रहता है....?

"याद रखना, आप एक महान हस्ती से भेंट करने जा रहे हो। कोशिश करना कि उनसे यथासम्भव ज्ञान ले सको।" यह कह कर महाराज ने उनसे विदा ली।

जब छात्र आश्रम में पहुँचे तो देखा कि वहाँ केवल जरूरत का सामान मौजूद था। कई युवा शिष्य आसपास घूम रहे थे। परन्तु जब वे चाणक्य से मिले तो उनकी सादगी देख कर दाँतों तले अंगुली दबा ली।

"आचार्य! हमारा प्रणाम स्वीकार करें। आप वन में रह कर, राज्य का शासन कैसे देखते हैं।" उन्होंने कौतूहल से पूछा।

"राज्य का शासन... ।"चाणक्य के चेहरे पर विस्मय था।

अब तो छात्र और भी चकरा गए। "हमने भारतवर्ष और इसकी सम्पन्नता के बारे में सुना था इसलिए इतनी दूर से इसका राज जानने आए हैं। प्रजा ने कहा कि महाराज का धन्यवाद देना चाहिए... महाराज ने कहा इस प्रगति के लिए आप उत्तरदायी हैं ...मेहरबानी करके बताएँ कि सच क्या है?"

चाणक्य मुस्कुराए,"यह धर्म है, धर्म ही भारतवर्ष का शासन चलाता है। यह मेरा कर्तव्य है कि राजा को धर्म के पथ पर चलने का निर्देश दूँ। फिर वह इसी ज्ञान के बल पर राज्य का संचालन करता है।"

छात्र समझ गए। गुरु मार्गदर्शन करते हैं और राजा उनका अनुसरण करता है–वे दोनों मिल कर देश को सम्पन्न और समृद्ध बनाते हैं। यही अच्छे प्रशासन का रहस्य है।

अन्तर्दृष्टि

- एक देश की सफलता और प्रगति, वैश्विक परिदृश्य से अछूती नहीं रहती।
- कई बार, गुरु या राजा को बनाने वाला, राजा से कहीं अधिक शक्तिशाली होता है।
- धर्म का पालन करने से ही समाज प्रसन्न होता है। धर्मनिष्ठ समाज की प्रसन्न रह सकता है।

अध्याय दस

संसार का त्याग

आचार्य नीति

इस जीवन में मृत्यु ही एकमात्र आश्वासन है। परन्तु जो लोग दूसरों को प्रेरित करने के लिए जीते हैं, वे कभी नहीं मरते। उनकी हर घटना और हर अनुभव, अपने–आप में दूसरों के लिए सबक बन जाता है।

परन्तु उनके लिए, यह मायने नहीं रखता कि सामने वाले ने उनकी योग्यता को पहचाना या नहीं। उनके लिए केवल वह उद्देश्य ही महत्व रखता है, जिसके लिए वे जन्मे हैं। जब वह उन्हें मिल जाता है, तो वे बिना किसी पश्चाताप के संसार का त्याग करने को प्रस्तुत हो जाते हैं।

चाणक्य का जीवन भी प्रेरणा का स्त्रोत था। वे एक साधारण ग्रामीण युवक से अपने युग के महान दार्शनिक और आचार्य बने। और उनके विवेकरूपी योगदान की चर्चा के बिना हमारा भारतीय इतिहास अधूरा है।

आचार्य कथा

एक दिन एक छात्र ने उनसे पूछा, "आचार्य क्या ऐसा भी कुछ है, जिसकी शिक्षा आपने हमें आज तक नहीं दी?"

चाणक्य ने एक पल सोच कर कहा, "महानतम को पाने के लिए लघुतम का त्याग करो।"

अपने आसपास भ्रमित चेहरे देख कर वे बोले, कई बार हमारा जन्म ग्राम में होता है और हम उच्च शिक्षा पाने के लिए शहर में जाते हैं। कई बार पूरे परिवार को बचाने के लिए व्यक्ति को बलिदान करना पड़ता है। इसी तरह कई बार देश के हित के लिए ही हमें देश का त्याग करना होता है।"

इसके बाद उन्होंने अपने सन्देश का आध्यात्मिक महत्व बताते हुए कहा, "ईश्वर के लिए इन्सान को सब कुछ त्याग देना चाहिए। इस संसार में कुछ भी सदा रहने वाला नहीं है। धन आता जाता रहेगा। जवानी मिट जाएगी, जीवन का अन्त हो जाएगा। केवल निष्ठा और विश्वास ही शाश्वत है।"

चाणक्य ने भी अनासक्ति का अभ्यास किया था। उन्होंने उच्चतम कल्याण के लिए सब कुछ त्याग दिया। उन्हें ईश्वर पर पूरा विश्वास था। उनका मानना था कि सारी बाधाओं के बावजूद, वे एक दिन सफल होंगे और सारी चुनौतियों को पार कर सकेंगे।

इसके बाद शिष्य ने चाणक्य से पूछा, "एक बार आप अपने से ताकतवर दुश्मनों से घिर गए थे। क्या आपको डर नहीं लगा कि कोई आपके प्राण ले लेगा?"

चाणक्य हँस कर बोले, "जो मौत से नहीं डरता, उसे कोई नहीं डरा सकता। दरअसल ऐसे आदमी से दूसरों को डरना चाहिए।"

तब उन्होंने एक कथा सुनाई

मुझे मारने के लिए बहुत से प्रयास किए गए। एक बार हत्यारा महल तक आ गया। वह मेरे भोजन में विष मिलाना चाहता था।

"तो आपने इसका पता कैसे लगाया, आचार्य?"

चाणक्य बोले, मेरे अर्थशास्त्र का अध्याय तीन।"

तीसरे अध्याय को पढ़ कर छात्र ने कहा, जी, "विष मिले चावलों के आसपास एक झाग सी जमा हो जाती है, अनाज के दाने नीले लगने लगते हैं। मुझे लगता है..."

"हाँ! यह सच है। और पता है मुझे विष देने वाले का क्या हुआ?"

छात्र जानना चाहते थे।

"मुझे पता था कि विष मिला भोजन कैसा दिखता है इसलिए मैं यह भी जानता था कि भोजन में विष कैसे मिलाते हैं। अगले दिन मैंने उसी रसोईए से कहा कि वह मेरे दुश्मन के लिए खाना तैयार करे और वह उसी तरह मारा गया, जैसे वह मुझे मारना चाहता था।"

इसके बाद जैसे आचार्य इन बातों से ऊब से गए और बोले, "मरने–मारने की बातें मत करो। चलो जीवन के बारे में बात करें।"

इसके बाद उन्होंने पूछा, "क्या तुम लोगों को पता है कि मुझे सबसे ज्यादा प्रसन्नता किस बात से मिलती है?"

"अशोक, चन्द्रगुप्त का पौत्र। मैं सोचता था कि चन्द्रगुप्त के बाद भारतवर्ष का क्या होगा परन्तु मुझे उसके पुत्र बिन्दुसार और पौत्र अशोक के बारे में सोच कर प्रसन्नता होती है। वे दोनों ही नेतृत्व के गुणों से भरपूर हैं।"

चाणक्य ने जिस तरह चन्द्रगुप्त को निखारा। इसी तरह उन्होंने अशोक को भी अपना बहुत समय दिया।

"अशोक को प्रशिक्षण देना आसान था, इतनी कठिनाई नहीं हुई जितनी उनके दादा के समय आई थी। आप जानना चाहते हैं, क्यों? जब अशोक राजकुमार प्रशिक्षण के योग्य हुए, तब तक समस्याओं का इतना घेरा नहीं था और बाहरी हमले भी घट गए थे इसलिए मैंने उन्हें अनुभव से शिक्षा दी।"

इसके बाद, चाणक्य ने सार्वजनिक जीवन से संन्यास ले लिया। वे एक साधु बन गए और हमेशा ध्यान में मग्न रहते। कहते हें कि उन्होंने जन्म और मरण के चक्र से छुटकारा पा कर, मोक्ष पा लिया था।

उनसे एक अन्तिम प्रश्न यह पूछा गया, "आचार्य! यदि आपके मार्गदर्शन की आवश्यकता हुई तो हम आपको कहाँ खोज सकते हैं?"

चाणक्य ने अपने छात्रों को दिलासा देते हुए कहा, "तुम्हें जो भी चाहिए, मेरे अर्थशास्त्र में मिलेगा। अगर तब भी बात न बने तो वह सब दोहराना, जो मैंने सिखाया। तुम्हें अपना उत्तर निश्चित तौर पर मिल जाएगा।"

चाणक्य की प्रज्ञा कभी मिट नहीं सकती। यह इस ब्रह्माण्ड का अभिन्न अंग रहेगी और बार–बार जन्म लेती रहेगी ताकि हम अपने जीवन की गुणवत्ता में सुधार ला सकें।

अन्तर्दृष्टि

- मनुष्य भले ही सदा जीवित न रहे, उसका किया हुआ कार्य सदा जीवित रहता है। आप भी याद रखें कि आप अपने पीछे एक विरासत छोड़ कर जा सकें।
- विवेक और ज्ञान नामक अस्त्र ही आपको अजेय बनाते हैं। अपने भीतर इन्हीं गुणों को विकसित करें।
- उच्चतम शक्ति में विश्वास ही आपको विनम्रता का पाठ सिखाएगा। यही सीखने योग्य महत्वपूर्ण योग्यता है।

JAICO PUBLISHING HOUSE

Elevate Your Life. Transform Your World.

1946 में स्थापित जयको पब्लिशिंग हाउस एक ऐसी प्रकाशक संस्था है जिसने मशहूर लेखक श्री श्री परमहंस योगानंद, ओशो, रॉबिन शर्मा, दीपक चोपड़ा, स्टीफन हॉकिंग्ज, एकनाथ ईश्वरन, सर्वपल्ली राधाकृष्णन, निरद चौधरी, खुशवंत सिंह, मुल्कराज आनंद, जॉन मैक्सवेल, क्लेन बेनचार्ड और ब्रायन ट्रेसी जैसे लेखकों की किताबें प्रकाशित की हैं। हमारी सूची में 2000 से ज्यादा किताबें शामिल हैं, और वह देश में सबसे ज़्यादा विविध विषयों पर किताबें रखने वाली संस्था है। इनमें धर्म, आध्यात्मिक, मन, शरीर, पवित्र आत्मा, आत्मोत्थान, व्यावसायिक, खान पान, हास्यपरक, कॅरिअर, खेल, आत्मकथा, कथा साहित्य और विज्ञान जैसे विषय शामिल हैं।

जयको ने अपने क्षितिज का विस्तार शैक्षणिक और व्यावसायिक पुस्तकों, प्रबंधन, इंजीनियरिंग और प्रौद्योगिकी की किताबों के व्यापार में अग्रणी प्रकाशक के रूप में किया है। हमारे महाविद्यालय स्तर की पाठ्यपुस्तकों और संदर्भ शीर्षकों का अध्ययन देशभर के छात्र कर रहे हैं। हमारे शैक्षणिक और व्यावसायिक किताबों की सफलता काफी हद तक हमारे शैक्षणिक और कॉर्पोरेट बिक्री प्रभागों के प्रयासों के कारण है।

स्वर्गीय श्री जमन शाह ने पुस्तक वितरण कंपनी के रूप में जयको की स्थापना की थी। स्वतंत्रता आंदोलन चल रहा था, इसलिए उन्होंने अपनी कंपनी को 'जयको' (हिंदी में जय का मतलब जीत) नाम दिया। विकसनशील देशों में किताबों की उल्लेखनीय माँग को देखते हुए श्री शाह ने खुद ही किताबें प्रकाशित करने का फैसला किया। जयको देश की पहली प्रकाशन संस्था है जिसने अंग्रेजी भाषा में पेपर बैक पुस्तकें प्रकाशित कीं।

अपनी किताबों के प्रकाशक और वितरक होते हुए जयको ने मैकग्रा हिल, पियर्सन, सेंगेज लर्निंग, जॉन वाइली और एल्सवेयर साइंस जैसी प्रमुख अंतरराष्ट्रीय प्रकाशकों की पुस्तकें वितरित करने का काम शुरू किया। मुम्बई में मुख्यालय के अलावा, जयको के बिक्री कार्यालय अमदाबाद, बैंगलोर, भोपाल, भुबनेस्वर, चेन्नई, दिल्ली, हैदराबाद, कोलकाता और लखनऊ में भी हैं। चालीस से अधिक अधिकारियों की बिक्री टीम, डाइरेक्ट मेल आर्डर डिवीजन और वेबसाइट सुनिश्चित करते हैं कि हमारी किताबें प्रभावी ढंग से देश के सभी शहरी और ग्रामीण इलाकों तक पहुँचें।

SINCE 1946